Learning　　　　t Data Structures　　　ns 한국어판

Learning JavaScript Data Structures and Algorithms 한국어판

자바스크립트 자료 구조와 알고리즘

로이아니 그로네르 지음 | 이일웅 옮김

[PACKT] PUBLISHING  에이콘

지은이 소개

로이아니 그로네르 Loiane Groner

브라질 상파울루에 살고 있으며, 8년 넘게 소프트웨어 개발을 해왔다. 대학 시절 IT에 큰 열정을 갖게 되면서 2년 반 동안 알고리즘, 자료 구조, 컴퓨팅 이론을 가르치는 보조 교사로 근무했다. ACM 국제 대학생 프로그래밍 경진대회에 학교 대표로 참가해 브라질 결선(남미 지역)에 오르기도 했던 그녀는 2년간 브라질 컴퓨팅 협회SBC의 학생 대표를 맡기도 했다. 4학년 때는 컴퓨터 공학부에서 TOP 3에 뽑히면서 공로상을 받았고 우등생으로 졸업했다.

이후 IBM 같은 다국적 기업에서 근무하면서 자바 SE/EE, 센차Sencha 기술(Ext JS와 센차 터치Sench Touch) 전문가로 일했다. 지금은 금융 회사의 소프트웨어 개발 관리자로 일하면서 해외 솔루션을 담당하고 있다. 비상임 센차 컨설턴트 및 고문으로도 활동 중이다.

팩트출판사에서 출판된 『Ext JS First Look』, 『Mastering Ext JS』, 『Sencha Architect App Development』 도서를 집필했다.

센차와 자바의 열성적인 팬인 그녀는 브라질 자바 유저 그룹인 캠피나스 자바 유저 그룹CompinasJUG, Campinas Java Users Group과 에스피리토 산토 자바 유저 그룹ESJUG, Espirito Santo Java Users Group에서 각각 리더와 코디네이터 역할을 맡고 있다.

개인 블로그(http://loianegroner.com(영어), http://loiane.com(포르투갈어))를 운영 중이고, 여기에 자신의 IT 커리어와 Ext JS, 센차 터치, 폰갭PhoneGap, 스프링 프레임워크Spring Framework, 그리고 각종 개발 노트와 출판 스크린캐스트 등을 올리면서 소프트웨어 개발 커뮤니티 활성화에도 헌신적이다. 페이스북(https://www.facebook.com/loianegroner)과 트위터(@loiane)로 연락할 수 있다.

감사의 글

저를 공부시키고, 올바른 길로 이끌어주시고, 조언을 아끼지 않으신 부모님이 계시지 않았다면 제가 지금 이렇게 온전하게 성장해 전문가가 될 수는 없었을 겁니다. 두 분께 늘 감사드리며, 특히 제 곁에서 인내심을 갖고 늘 격려와 지원을 해준 남편에게 고맙습니다.

이 책에 설명된 알고리즘과 자료 구조를 가르쳐주신 FAESA의 교수님들께도 감사드립니다.

끝으로, 언제나 저를 격려해준 친구들과 독자 여러분께 감사를 표합니다. 제 책을 읽고 컨퍼런스에서 만나 뵌 자리에서, 그리고 소셜 네트워크 등을 통해 피드백을 주신 모든 분께 고마움을 표합니다. 다들 정말 감사합니다!

기술 감수자 소개

야로슬라브 비거스 Yaroslav Bigus

크로스 플랫폼cross-platform 웹/모바일 애플리케이션 분야의 전문가다. 영국 리즈Leeds와 미국 뉴욕 등지에서 5년 넘게 개발 업무를 수행해왔다. 닷넷.NET 프레임워크를 백엔드 시스템으로 하여 자바스크립트, 앵귤러JSAngularJS, 제이쿼리jQuery, 언더스코어Underscore 등으로 웹 프론트엔드 부문을, 자마린Xamarin으로 모바일 부문을 개발해왔다.

지금은 이스라엘의 신생 기업인 yRuler(Tangiblee)에 다니고 있다. 팩트출판사에서 출판한 『Xamarin Mobile Application Development for iOS』, 『iOS Development with Xamarin Cookbook』의 기술 감수를 담당했다.

격려와 사랑을 보내준 친구들과 가족들에게 감사의 말씀 전합니다.

맥스웰 데이브슨 다 실바 Maxwell Dayvson Da Silva

토종 브라질인으로 「뉴욕타임스」에서 소프트웨어 아키텍트로 일했고, 브라질 디지털 미디어 산업을 리딩하는 두 회사에서 11년 넘게 근무했다. 글로벌 디지털 미디어 회사인 테라Terra에서 일할 때 그가 남긴 작품 덕택에 매달 1억 명이 넘는 사용자들이 예능, 스포츠, 뉴스를 쉽게 접할 수 있게 되었고, 이후 남미 지역의 가장 큰 미디어 재벌인 글로보닷컴Globo.com의 일원이 되었다. 디지털 미디어 영역에서 그가 남긴 업적은 사실 그의 다양한 관심사의 일부일 뿐이다. 예술과 과학에도 조예가 깊어 게임과 인터랙티브한 예술 설치 프로그램을 만들기도 했다. 아들

아더를 키우면서 어떻게 하면 뉴욕과 브라질 두 곳의 아이들에게 재미있는 방식으로 과학 지식을 전달할 수 있을지 고민하고 있다. 더 궁금한 독자들은 https://github.com/dayvson을 방문하자.

제가 부재 중일 때 아더를 돌봐준 줄리아니 이네스 두 나시멘투에게 감사드려요. 당신은 정말 멋진 엄마입니다!

빈센트 라크 Vincent Lark

룩셈부르크와 프랑스의 벤처 기업에서 백엔드/프론트엔드 개발 경험을 갖춘 프로그래머다. 지금은 모던 웹 UI에 열중하면서 취미로 게임 개발도 같이 하고 있다. 팩트출판사의 『WebGL HOTSHOT』을 기술 감수했다.

비샬 라즈팔 Vishal Rajpal

2011년에 애플리케이션 개발자로 입문한 소프트웨어 엔지니어다. 전문 분야는 자바, 자바스크립트, 그리고 폰갭PhoneGap과 티타늄Titanium 같은 멀티플랫폼 모바일 애플리케이션 개발 플랫폼이다.

지금은 시애틀에 거주하며 시애틀의 노스이스턴대학교Northeastern University에서 석사 학위를 밟고 있으며 스킴Scheme(리스프Lisp), 객체지향 CObjective-C, 컴퓨터 시스템, 알고리즘을 공부하고 있다.

이메일 주소는 vishalarajpal@gmail.com이다. https://github.com/vishalrajpal 과 https://www.vishal-rajpal.blogspot.com에 가보면 그가 작업한 결과물에 대해 좀 더 알 수 있을 것이다. 팩트출판사에서 펴낸 『PhoneGap 3.x Mobile Application Development HOTSHOT』의 기술 감수를 맡았다.

옮긴이 소개

이일웅(leeilwoong@gmail.com)

10년 넘게 국내, 미국 등지에서 대기업/공공기관 프로젝트를 수행한 웹 개발자이자, 두 딸아이의 사랑을 한 몸에 받고 사는 행복한 딸바보다. 자바 기반의 서버 플랫폼 구축, 데이터 연계, 그리고 다양한 자바스크립트 프레임워크를 응용한 프론트엔드 화면 개발을 주로 담당해왔다. 시간이 날 때엔 피아노를 연주한다. (개인 홈페이지: http://www.bullion.pe.kr)

옮긴이의 말

처음 이 책의 번역을 제의받고 검토해봤을 때는 이미 너무나 잘 알려져 너무 흔한 주제가 아닌가 싶었는데, 일반적으로 자료 구조와 알고리즘 코드 관련 서적에서 많이 쓰는 C 언어가 아닌, '자바스크립트' 언어를 사용한다는 점에서 신선하다고 생각했습니다. 물론, 프로그래밍의 기본 체력을 다지는 데 언어의 종류는 그리 중요하지 않겠지만, 많은 사람에게 비교적 친숙한 자바스크립트 언어를 써서 적어도 IT 초심자들이 쉽게 시작할 수 있게 배려한 점은 참 마음에 듭니다.

현장에서 프로젝트를 수행하면서 늘 느끼는 건, 평소에는 별로 찾아볼 일이 없을 것 같은 자료 구조, 알고리즘 지식이 실무를 하다가 막혔을 때 결정적인 해결사 역할을 한다는 사실입니다. 알고리즘을 잘 구사할 줄 모르는 사람이 무턱대고 대충 실행 가능한 정도로만 작성해놓은 코드가 나중에 시스템 오픈 이후 서버 성능 등 어떤 식으로든 영향을 미치게 되어 결국 프로젝트 성패가 엇갈리는 경험을 해본 분들도 적지 않을 것입니다.

그런데 최근 수년간 새로 IT 분야에 진출한 초심 기술자들을 보면, DB나 MVC 프레임워크 등은 비교적 잘 알고 있으면서도, 기본적인 연결 리스트나 정렬 알고리즘 개념은 박약해서 고객 요구사항에 맞게 효과적으로 서버 로직을 구사하지 못하는 경우가 많습니다. 사정이 이러한데도 아직도 많은 국내 기업이 IT 개발자를 채용할 때 각종 툴이나 프레임워크 위주의 경험 유무만을 따지려는 풍토가 사라지지 않고 있어 매우 안타깝게 생각합니다. 어쨌든 구글과 IBM 같은 글로벌 IT 기업에서 꿈을 펼치고 싶은 현직 개발자, 예비 프로그래머라면 기술 면접 시 빠지지 않는 단골 메뉴인 자료 구조와 알고리즘에 더더욱 박식한 프로그래머가 되어야 하니, 이 책을 읽으면서 현재 본인의 프로그래밍 능력을 점검해보시고 끊임없이 절차탁마하시기 바랍니다.

원저에 수록된 모든 예제 코드는 독자 여러분이 웹에서 쉽고 재미있게 실습해볼 수 있도록 JSFiddle에 게시했으니 에이콘출판사 도서 정보 페이지(http://www. acornpub.co.kr/book/javascript-data-structure)에 별도 제공된 PDF 파일을 참조해 학습하시면 큰 도움이 될 것입니다.

번역을 맡겨주신 에이콘출판사 김희정 부사장님과 편집팀 여러분, 그리고 주말, 휴일 내내 많은 시간 함께해주지 못한, 사랑하는 제 아내와 두 딸, 제이, 솔이에게 이 역서를 바칩니다. 그리고 언제나 부족한 아들에게 변함없는 믿음과 사랑을 보내주신 부모님께 진심으로 감사의 말씀 올립니다.

이일웅

목차

들어가며

자바스크립트는 오늘날 세상에서 가장 인기 있는 프로그래밍 언어다. 별다른 플러그인을 설치하지 않아도 대부분의 인터넷 브라우저가 해석할 수 있어서 '인터넷 언어'라고도 부른다. 끊임없이 성장을 거듭한 덕분에 이제 자바스크립트는 단순히 프론트엔드를 구현하는 언어뿐만 아니라, 서버(노드JS Node.js)와 데이터베이스(몽고DB MongoDB)에서도 활용하고 있다.

자료 구조는 IT 전문가라면 누구에게나 아주 중요한 필수 과목이다. 개발 업무를 한다는 자체가 프로그래밍 언어와 자료 구조를 이용해 문제를 해결한다는 말이나 다름없기 때문이다. 실로 자료 구조는 프로그래머가 문제를 풀기 위해 필요한 필수 코스다. 자료 구조를 잘못 선택하면 여러분이 작성한 프로그램의 성능에 부정적인 영향을 끼칠 수 있으므로 다양한 자료 구조의 특징과 적용 방법을 명확히 알고 있어야 한다.

알고리즘은 컴퓨터 과학의 예술이다. 같은 문제라도 해법은 여러 가지가 있을 수 있는데, 저마다 장단점이 있다. 따라서 널리 잘 알려진 검증된 알고리즘을 제대로 이해하고 활용할 수 있어야 한다.

모쪼록 행복한 코딩하시길 바란다!

이 책의 구성

1장, 자바스크립트 개요 자료 구조와 알고리즘을 배우기 전에 필요한 기본적인 내용과 이 책의 예제 코드 실습에 필요한 개발 환경 설정을 설명한다.

2장, 배열 자료 구조의 가장 기본이면서 많이 쓰이는 배열에 대해 다룬다. 배열의 원소를 선언, 초기화, 추가, 삭제하는 방법을 구체적인 예시로 설명하고, 자바스크립트 내장 메소드에 대해서도 알아본다.

3장, 스택 스택 자료 구조를 설명하고, 스택의 생성 방법과 원소를 추가/삭제하는 방법을 살펴본다. 스택을 이용해 컴퓨터 과학의 문제들을 어떻게 해결하는지 알아본다.

4장, 큐 큐 자료 구조를 설명하고, 큐의 생성 방법과 원소를 추가/삭제하는 방법을 살펴본다. 큐를 이용해 컴퓨터 과학의 문제들을 어떻게 해결하는지 알아보고, 스택과 큐의 차이점을 비교한다.

5장, 연결 리스트 객체와 포인터 개념을 가지고 연결 리스트 자료 구조를 만들어본다. 원소의 선언, 생성, 추가, 삭제 방법 외에도 이중 연결 리스트, 환형 연결 리스트 등의 변형된 형태의 연결 리스트에 대해서도 알아본다.

6장, 집합 집합 자료 구조를 소개하고, 비반복적인 원소를 저장하는 방법을 알아본다. 몇 가지 상이한 집합 연산에 대해 살펴보고 각각을 어떻게 구현할지, 어떻게 활용할지 배운다.

7장, 딕셔너리와 해시 딕셔너리, 해시 자료 구조와 둘 사이의 차이점을 설명한다. 두 자료 구조를 선언, 생성, 활용하고, 해시 충돌을 우회해 더 나은 해시 함수를 만드는 기법 등을 알아본다.

8장, 트리 트리 자료 구조와 관련 용어를 설명하고, 이진 탐색 트리와 노드를 탐색, 순회, 추가, 삭제하는 메소드를 집중적으로 다룬다. 흥미진진한 트리의 세계로 안내하고, 다음 단계에서 학습해야 할 트리 알고리즘을 제시한다.

9장, 그래프 놀라운 그래프 자료 구조의 세계로 여러분을 초대한다. 그래프를 응용해 실생활의 갖가지 문제들을 해결하는 방법과 일반적인 그래프 용어들, 그래프를 표현하는 여러 가지 방법, 너비 우선, 깊이 우선 탐색 알고리즘으로 그래프를 순회하는 방법과 응용 사례를 살펴본다.

10장, 정렬과 검색 알고리즘 가장 많이 쓰이는 정렬 알고리즘(버블 정렬, 선택 정렬, 삽입 정렬, 병합 정렬, 퀵 정렬)과 탐색 알고리즘(순차 검색, 이진 검색)을 다룬다.

11장, 그 밖의 알고리즘 몇몇 알고리즘을 추가로 소개하고 O 표기법의 개념을 설명한다. 재귀 개념을 비롯해서 동적 프로그래밍과 욕심쟁이 알고리즘 같은 고급 알고리즘 기법을 다룬다. 마지막으로, 여러분이 책거리를 한 이후에 공부할 내용을 제시한다.

부록, O 표기법 정리 이 책에서 배운 알고리즘의 복잡도를 O 표기법으로 정리한 표다.

실습에 필요한 프로그램

이 책의 예제 코드를 실습하기 위한 개발 환경은 다음 세 가지 옵션 중 하나를 택하면 된다. 세 가지 모두 다 세팅할 필요는 없다.

1. 인터넷 브라우저만 설치한다. 브라우저는 다음 두 가지를 권장한다.
   - 크롬(https://www.google.com/chrome/browser/)
   - 파이어폭스(https://www.mozilla.org/en-US/firefox/new/)
2. 다음과 같이 세팅한다.
   - 1번의 브라우저를 설치한다.
   - 웹 서버를 설치한다. 아직 PC에 설치된 웹 서버가 없다면 XAMPP(https://www.apachefriends.org) 설치를 고려해보자.
3. 100% 순수 자바스크립트 환경이다.
   - 1번의 브라우저를 설치한다.
   - 노드JS를 설치한다(http://nodejs.org/).
   - 노드JS 설치 후 다음 명령어를 입력해 `http-server`(패키지)를 설치한다.

   ```
   npm install http-server -g
   ```

좀 더 자세한 내용은 1장, '자바스크립트 개요'에 다시 나온다.

대상 독자

이 책은 컴퓨터 과학을 전공하는 학생과 이제 막 IT 커리어를 시작하려는 초심자, 그리고 자료 구조와 알고리즘을 자바스크립트 언어로 공부해보고자 하는 모든 분들을 위해 쓰였다. 약간의 프로그래밍 지식만 있으면 자바스크립트 코드로 작성된 알고리즘을 즐기는 데 전혀 문제가 없을 것이다!

자료 구조와 알고리즘을 처음 공부하는 분들과, 이미 알고 있더라도 자바스크립트로 자료 구조와 알고리즘을 어떻게 구현하면 좋을지 알고 싶은 분들께도 유익한 지침서가 될 것이다.

이 책의 편집 규약

이 책에서는 정보의 종류를 구분하기 위해 여러 가지 텍스트 스타일을 사용했다. 이러한 스타일의 예와 의미는 다음과 같다.

문장 속에서 코드는 다음과 같이 표기한다.

"script 태그 내부에는 자바스크립트 코드를 기술한다."

코드 블록은 다음과 같이 표기한다.

```
console.log("num: "+ num);
console.log("name: "+ name);
console.log("trueValue: "+ trueValue);
console.log("price: "+ price);
console.log("nullVar: "+ nullVar);
console.log("und: "+ und);
```

코드의 특정 부분을 강조할 때는 굵은 서체로 표현한다.

```
<!DOCTYPE html>
<html>
<head>
    <meta charset="UTF-8">
</head>
```

```
<body>
  <script>
    alert('Hello, World!');
  </script>
</body>
</html>
```

커맨드라인 입출력은 다음과 같이 표시한다.

```
npm install http-server -g
```

메뉴나 대화상자처럼 컴퓨터 화면에 표시되는 단어는 다음과 같이 고딕체로 표기한다.

"Console 탭에서 자바스크립트 코드를 작성해서 테스트해보자."

 경고나 중요한 알림은 이와 같은 상자로 표시한다.

 팁이나 멋진 비법은 이렇게 표시한다.

독자 의견

독자 여러분의 의견은 언제든지 환영한다. 이 책을 어떻게 생각하는지 부담 없이 이야기해준다면 좋겠다. 더 유익한 책을 만드는 데 있어 독자의 의견은 무엇보다 중요하다.

일반적인 의견은 이 책의 제목을 메일 제목으로 해서 feedback@packtpub.com 으로 보내면 된다.

특정 분야의 책을 쓰거나 기여하는 데 관심이 있다면 www.packtpub.com/ authors에 있는 저자 가이드를 참조하기 바란다.

고객 지원

팩트출판사에서는 여러분이 구매한 도서를 최대한 활용하는 데 도움이 될 만한 여러 가지 서비스를 제공한다.

이 책에 사용된 예제 코드 내려받기

http://www.packtpub.com에 등록된 계정으로 로그인한 다음에 구입한 모든 팩트 책의 예제 코드 파일을 내려받을 수 있다. 다른 곳에서 이 책을 구입한 경우에는 http://www.packtpub.com/support를 방문해 이메일 주소를 등록하면 예제 코드 파일을 내려받을 수 있는 링크를 받을 수 있다. 에이콘출판사의 도서정보 페이지 http://www.acornpub.co.kr/book/javascript-data-structure에서도 예제 코드를 내려받을 수 있다.

원저에 수록된 모든 예제 코드는 독자 여러분이 웹에서 쉽고 재미있게 실습해볼 수 있도록 JSFiddle에 게시했으니 에이콘출판사 도서 정보 페이지(http://www.acornpub.co.kr/book/javascript-data-structure)에 별도 제공된 PDF 파일을 참조해 학습하시면 큰 도움이 될 것이다.

오탈자

내용을 정확하게 전달하려고 온 힘을 다했지만, 실수가 있을 수 있다. 팩트출판사의 책에서 텍스트나 코드상의 문제를 발견해서 알려준다면, 매우 감사하게 생각할 것이다. 그러한 참여를 통해 다른 독자에게 도움을 주고, 다음 버전에서 책을 더 완성도 있게 만들 수 있다. 오자를 발견한다면 http://www.packtpub.com/submit-errata에서 errata submission form 링크를 통해 구체적인 내용을 알려주기 바란다. 보내준 내용이 확인되면 웹사이트에 그 내용이 올라가거나, 해당 서적의 정오표 섹션에 그 내용이 추가될 것이다. http://www.packtpub.com/support에서 해당 타이틀을 선택하면 지금까지의 정오표를 확인할 수 있다. 한국어판은 에이콘출판사의 도서정보 페이지 http://www.acornpub.co.kr/book/javascript-data-structure에서 찾아볼 수 있다.

저작권 침해

인터넷에서의 저작권 침해는 모든 매체에서 벌어지고 있는 심각한 문제다. 팩트출판사에서는 저작권과 사용권 문제를 아주 심각하게 인식하고 있다. 어떤 형태로든 팩트출판사 서적의 불법 복제물을 인터넷에서 발견한다면 적절한 조치를 취할 수 있게 해당 주소나 사이트명을 알려주길 부탁한다.

의심되는 불법 복제물의 링크를 copyright@packtpub.com으로 보내주기 바란다.

저자와 더 좋은 책을 위한 팩트출판사의 노력을 배려하는 마음에 깊은 감사의 마음을 전한다.

질문

이 책에 관련된 질문이 있다면 questions@packtpub.com으로 문의하기 바란다. 온 힘을 다해 질문에 답해드리겠다. 한국어판에 관한 질문은 이 책의 옮긴이나 에이콘출판사 편집팀(editor@acornpub.co.kr)으로 문의할 수 있다.

1
자바스크립트 개요

자바스크립트는 아주 강력한 프로그래밍 언어로, 세상에서 가장 유명하고 인터넷에선 단연 대세다. 예를 들어, 깃허브GitHub(세계에서 가장 큰 코드 창고, https://github.com)는 400,000개가 넘는 자바스크립트 저장소(자바스크립트 프로젝트 개수로는 최대 규모, http://goo.gl/ZFx6mg)가 있고, 깃허브에서 자바스크립트 프로젝트는 해마다 계속 늘고 있다.

자바스크립트는 프론트엔드frontend에 국한된 언어가 아니다. 백엔드backend에서도 노드JSNode.js가 대표적이며, **노드 패키지 모듈**(https://www.npmjs.org/) 또한 가파르게 증가하는 추세다.

여러분이 웹 개발자가 되고자 한다면 이력서에 반드시 자바스크립트는 포함되어야 할 것이다.

이 책은 가장 널리 알려진 자료 구조와 알고리즘에 대한 학습서다. 그런데 왜 하필 구현 언어로 자바스크립트를 선택했을까? 이에 대한 답은 이미 이야기했다. 자바스크립트는 아주 유명한 프로그래밍 언어이고 함수형 언어functional language이므로 자료 구조를 공부하기에 적합하다. 그리고 자바나 C 같은 표준 언어로 자료 구조를 배우는 것과는 차별화된 기분으로 좀 더 재미있게 배울 수 있다. 자료 구조를 반드시 자바나 C로 만들어야 한다는 법은 없지 않은가? 물론, 프론트엔드 개발 과정에서 다른 언어를 사용할 일이 있을지 모르겠지만……

자료 구조와 알고리즘 학습은 매우 중요하다. 첫째, 자료 구조와 알고리즘을 알고 있으면 대부분의 문제를 효과적으로 해결할 수 있기에 여러분이 앞으로 작성할 코드의 품질(과 성능) 자체가 달라진다(적당하지 않은 자료 구조, 알고리즘을 택했다면 성능이라는 난관에 봉착할 수도 있다). 둘째, 알고리즘은 대학교 컴퓨터 과학 개론 시간에도 등장하는 기본 중의 기본이다. 셋째, 여러분이 최고의 ITInformation Technology(정보 기술) 회사(구글, 아마존, 이베이 등)에서 일하고 싶다면, 자료 구조와 알고리즘은 면접관의 단골 질문이므로 꼭 알고 있어야 한다.

환경 세팅

여타 언어에 비해 자바스크립트의 장점 중 하나는 따로 프로그램을 설치하거나 복잡한 환경 세팅을 하지 않아도 바로 시작할 수 있다는 사실이다. 여러분이 소스 코드 한 줄 작성해본 일 없는 문외한이라도 여러분의 PC에는 이미 필요한 환경, 즉 브라우저는 깔려 있다!

이 책의 예제 코드를 실행하려면 구글 크롬Chrome이나 파이어폭스Firefox를 설치하는 것이 좋고(선호하는 브라우저를 쓰면 된다), 손에 익숙한 편집기(서브라임 텍스트Sublime Text), 웹 서버(XAMPP나 전에 써봤던 서버. 건너뛰어도 좋다)가 있으면 좋다. 파이어폭스, 서브라임 텍스트, XAMPP는 윈도우, 리눅스, 맥 OS 운영체제별로 내려받을 수 있다.

파이어폭스를 사용한다면 **파이어버그**Firebug 애드온을 설치하기 바란다(https://getfirebug.com/).

환경은 세 가지 방법으로 세팅할 수 있는데, 기호에 맞게 택일하자.

브라우저 하나면 충분하다

가장 간단하게는 브라우저 하나면 된다.

파이어폭스에 파이어버그 애드온을 설치하면 다음 화면처럼 우측 상단 구석에 아이콘이 생긴다.

파이어버그를 열면(아이콘을 클릭한다), Console 탭이 보이고 다음과 같이 커맨드라인 영역에서 자바스크립트 코드를 작성할 수 있다(코드를 실행하려면 Run 버튼을 클릭한다).

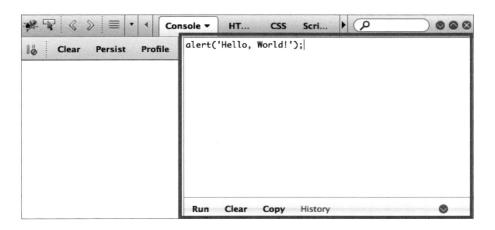

커맨드라인 영역을 파이어버그 애드온의 전체 크기로 확장할 수도 있다.

구글 크롬을 써도 된다. 크롬에는 기본으로 **구글 개발자 툴**Google Developer Tools이 탑재되어 있다. 다음 화면처럼 메뉴에서 Tools ➤ Developer Tools을 찾아 열어보자.

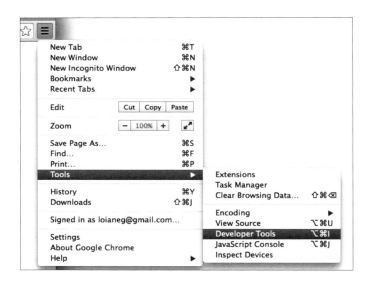

Console 탭에서 자바스크립트 코드를 작성해서 테스트해보자.

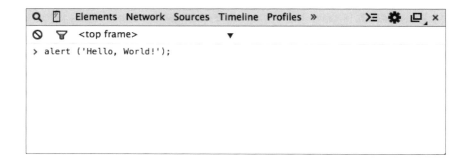

웹 서버(XAMPP) 사용하기

프로그램을 설치해야 하는 귀찮음이 있지만, 그냥 브라우저를 쓰는 것보다 아주 약간 복잡할 뿐이다.

XAMPP(https://www.apachefriends.org), 또는 여러분이 선호하는 웹 서버를 설치한다. 그리고 XAMPP 설치 경로에서 htdocs 폴더를 찾아 서브 폴더를 하나 만든다. 이 책에 등장하는 예제 소스 코드를 이 폴더에서 하나하나 실행해도 되고, 예제 소스 압축 파일을 내려받아 다음과 같이 이 폴더에 풀어도 된다.

이제 브라우저에서 localhost URL로 소스 코드에 접근할 수 있다(그 전에 XAMPP 서버를 기동해야 한다). 다음 화면을 참고하자.

예제 코드를 실행하기 전, 파이어버그나 구글 개발자 툴을 실행해야 원하는 결과를 볼 수 있다.

순수 자바스크립트 환경(노드JS)

마지막으로, 100% 순수 자바스크립트 환경이다! 아파치_{Apache} 서버가 탑재된 XAMPP 대신, 자바스크립트 서버를 쓸 것이다.

먼저 http://nodejs.org/에 접속해 노드JS를 내려받고 설치하자. 다음, 터미널 애플리케이션(윈도우 사용자라면 노드JS와 함께 설치된 커맨드 프롬프트)을 열고 아래 명령어를 실행한다.

```
npm install http-server -g
```

명령어를 복사해서 붙여넣기 하지 말고 반드시 직접 타이핑해야 한다. 에러가 날 수 있기 때문이다.

이 명령어는 관리자 권한으로 실행할 수 있으므로 리눅스나 맥에서는 다음 명령어를 사용한다.

```
sudo npm install http-server -g
```

이 명령어는 http-server, 즉 자바스크립트 서버를 설치한다. 터미널에서 서버를 기동해 예제 코드를 실행하려면 예제 코드가 위치한 폴더로 디렉토리를 변경하고 다음 화면처럼 http-server를 입력한다.

브라우저를 열고 http-server 명령어에서 지정된 포트로 localhost에 접속하면 다음 화면이 보일 것이다.

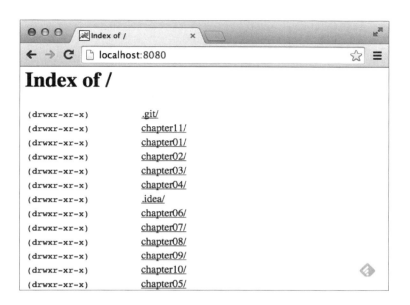

 팩트출판사에서 발간한 모든 도서의 예제 코드는 여러분의 계정으로 http://www. packtpub.com에 접속 후 내려받을 수 있다. 만약 이 책을 다른 곳에서 구매했다면, http://www.packtpub.com/support에서 이메일 주소, 성명을 기재한 후 메일로 받아볼 수 있다.

이 책의 예제 코드는 깃허브 저장소 https://github.com/loiane/javascript-datastructures-algorithms에서 내려받을 수 있다.

자바스크립트 기초

흥미진진한 자료 구조와 알고리즘의 세계로 뛰어들기 전에 자바스크립트 언어를 잠시 복습하자. 2장부터 구현할 알고리즘을 이해하는 데 필요한 자바스크립트의 기초 지식이다.

HTML 페이지에서 자바스크립트 코드를 사용하는 방법은 두 가지다.

```html
<!DOCTYPE html>
<html>
<head>
    <meta charset="UTF-8">
</head>
<body>
    <script>
        alert('Hello, World!');
    </script>
</body>
</html>
```

첫 번째 방법은 이런 식이다. HTML 파일을 만들고 그 내부에 코딩을 한다. 여기서는 HTML 파일에 script 태그를 선언하고 그 안에 자바스크립트 코드를 넣었다.

두 번째 방법은 자바스크립트 파일을 따로 생성해서(파일명은 01-HelloWorld.js라고 하자) 다음과 같이 코딩한다.

```
alert('Hello, World!');
```

HTML 파일은 이런 모습이다.

```html
<!DOCTYPE html>
<html>
<head>
    <meta charset="UTF-8">
</head>
<body>
    <script src="01-HelloWorld.js">
    </script>
</body>
</html>
```

자바스크립트 파일은 이렇게 넣는다.

두 가지 모두 결과는 같지만, 두 번째 방법을 권장한다.

변수

변수는 데이터를 담아두는 곳으로, 필요할 때마다 데이터를 초기화, 수정, 조회할 수 있다. 변수에 할당된 값은 특정 타입 중 하나다. 자바스크립트에서 사용 가능한 타입은 **숫자**number, **문자열** string, **불린**Boolean, **함수**function, **객체**object가 있다. 이 밖에도 **undefined**, **null**, **배열**array, **날짜**date, **정규 표현식**regular expression이 있다. 다음 예제를 보면서 자바스크립트 변수 사용법을 알아보자.

```
var num = 1; // {1}
num = 3; // {2}

var price = 1.5; // {3}
var name = 'Acorn'; // {4}
var trueValue = true; // {5}
var nullVar = null; // {6}
var und; // {7}
```

{1}에서, 자바스크립트 변수(여기서는 숫자형 변수)를 선언한다. 키워드 var는 없어도 상관없지만, 새로운 변수를 선언할 때마다 앞에 써주는 습관을 들이는 게 좋다.

{2}에서, 이미 선언한 변수 값을 바꾼다. 자바스크립트 언어는 타입을 엄격하게 구분하지 않는다. 다시 말해, 어떤 변수를 선언하고 숫자형으로 세팅한 다음, 문자열이나 그 밖의 타입으로 값을 바꿔도 된다. 그러나 원래의 타입과 다른 타입의 값을 할당하는 것은 별로 바람직하지 않다.

{3}에서, 숫자형 변수를 선언한다. 이번엔 부동소수점이 있다. {4}에서, 문자열 변수를 선언한다. {5}에서, 불린형 변수를 선언한다. {6}에서, null 변수를 선언한다.

{7}에서, undefined 변수를 선언한다. null은 아무런 값도 없는 상태를, undefined 는 선언은 했으나 아직 값이 할당되지 않은 상태를 각각 의미한다.

```
console.log("num: "+ num);
console.log("name: "+ name);
console.log("trueValue: "+ trueValue);
console.log("price: "+ price);
console.log("nullVar: "+ nullVar);
console.log("und: "+ und);
```

이렇게 console.log로 변수 값을 확인하자.

 이 책에 나오는 예제 코드의 실행 결과는 세 가지 방법으로 출력할 수 있다. 첫째, alert('My text here')와 같이 브라우저에 경고창을 띄운다. 둘째, console.log('My text here')처럼 디버그 툴(브라우저에 따라 다르겠지만, 구글 개발자 툴이나 파이어버그)의 Console 탭에 텍스트를 출력한다. 셋째, document 객체를 사용해서 브라우저가 렌더링한 HTML 페이지에 write('내 텍스트 여기 있어요') 하여 직접 출력하는 방법도 있다. 사용하기 편한 쪽으로 하기 바란다.

console.log에 인자를 여러 개 넣을 수도 있다. 즉 console.log("num: "+ num) 을 console.log("num: ", num) 처럼 써도 된다.

함수와 객체는 이 장 뒷부분에서 알아볼 것이다.

변수 스코프

스코프scope란 어떤 변수(함수 스코프라면 함수)에 접근할 수 있는 범위다. 자바스크 립트에는 지역 변수local variable와 전역 변수global variable가 있다.

예제를 보자.

```
var myVariable = '전역';
myOtherVariable = '전역';

function myFunction(){
    var myVariable = '지역';
```

```
    return myVariable;
}

function myOtherFunction(){
    myOtherVariable = '지역';
    return myOtherVariable;
}

console.log(myVariable);    // {1}
console.log(myFunction()); // {2}

console.log(myOtherVariable);      // {3}
console.log(myOtherFunction());   // {4}
console.log(myOtherVariable);      // {5}
```

{1}의 myVariable은 전역 변수이므로 '전역'이 출력된다. {2}는 myVariable이 myFunction 함수 내에 선언된 지역 변수이므로 스코프는 myFunction 내부로 한정되고 '지역'이 출력된다.

{3}은 myOtherVariable이라는 이름의 전역 변수를 참조하고 있고, 두 번째 라인에서 값이 '전역'으로 초기화됐기 때문에 '전역'이 출력된다. {4}의 출력 값은 '지역'이다. 전역 변수 myOtherVariable 선언 시 var 키워드가 빠져 있으므로 myOtherFunction 함수 내부에서 '지역'이라는 값으로 바꿔버린 것이다. {5}의 결과도 그래서 '지역'이다(myOtherFunction 함수에서 이미 값이 '지역'으로 바뀌었으므로).

자바스크립트에서 전역 변수는 '악의 축'이란 말을 많이 듣는데, 사실 맞다. 자바스크립트 소스 코드의 품질을 전역 변수와 전역 함수의 개수로 측정할 수 있을 정도다(당연히 많을수록 나쁜 것이다). 전역 변수는 가급적 피하는 편이 좋다.

연산자

프로그램에서 연산을 하려면 연산자operator가 필요하다. 여타 언어와 마찬가지로 자바스크립트에도 산술arithmetic, 할당assignment, 비교comparison, 논리logical, 비트bitwise, 단항unary 연산자가 있다. 다음 코드를 보자.

```
var num = 0; // {1}
num = num + 2;
num = num * 3;
num = num / 2;
num++;
num--;

num += 1; // {2}
num -= 2;
num *= 3;
num /= 2;
num %= 3;

console.log('num == 1 : ' + (num == 1)); // {3}
console.log('num === 1 : ' + (num === 1));
console.log('num != 1 : ' + (num != 1));
console.log('num > 1 : ' + (num > 1));
console.log('num < 1 : ' + (num < 1));
console.log('num >= 1 : ' + (num >= 1));
console.log('num <= 1 : ' + (num <= 1));

console.log('true && false : ' + (true && false)); // {4}
console.log('true || false : ' + (true || false));
console.log('!true : ' + (!true));
```

다음 표는 {1}의 산술 연산자다.

산술 연산자	설명
+	덧셈
−	뺄셈
*	곱셈
/	나눗셈
%	나머지
++	증가
--	감소

다음 표는 {2}의 할당 연산자다.

할당 연산자	설명
=	할당
+=	덧셈 할당 (x += y) == (x = x + y)
−=	뺄셈 할당 (x −= y) == (x = x − y)
*=	곱셈 할당 (x *= y) == (x = x * y)
/=	나눗셈 할당 (x /= y) == (x = x / y)
%=	나머지 할당 (x %= y) == (x = x % y)

다음 표는 {3}의 비교 연산자다.

비교 연산자	설명
==	같은
===	같은(값, 객체 타입 모두)
!=	같지 않은
〉	더 큰
〉=	같거나 더 큰
〈	더 작은
〈=	같거나 더 작은

다음 표는 {4}의 논리 연산자다.

논리 연산자	설명
&&	AND
||	OR
!	NOT

자바스크립트에는 다음 비트 연산자도 있다.

```
console.log('5 & 1:', (5 & 1));
console.log('5 | 1:', (5 | 1));
console.log('~ 5:', (~5));
console.log('5 ^ 1:', (5 ^ 1));
console.log('5 << 1:', (5 << 1));
console.log('5 >> 1:', (5 >> 1));
```

다음 표는 자바스크립트의 비트 연산자다.

비트 연산자	설명
&	AND
|	OR
~	NOT
^	XOR
《	왼쪽으로 시프트
》	오른쪽으로 시프트

typeof 연산자는 변수나 표현식의 타입을 반환한다. 다음 예시를 보자.

```
console.log('typeof num:', typeof num);
console.log('typeof Acorn:', typeof 'Acorn');
console.log('typeof true:', typeof true);
console.log('typeof [1,2,3]:', typeof [1,2,3]);
console.log('typeof {name:John}:', typeof {name:'John'});
```

실행 결과는 다음과 같다.

```
typeof num: number
typeof Acorn: string
typeof true: boolean
typeof [1,2,3]: object
typeof {name:John}: object
```

자바스크립트에는 delete 연산자도 있는데, 객체 프로퍼티property를 삭제한다.

```
var myObj = {name: 'John', age: 21};
delete myObj.age;
console.log(myObj); // 결과는 객체 {name: "John"}
```

지금까지 살펴본 연산자들은 이 책의 알고리즘 구현 시 계속 사용한다.

Truthy와 Falsy

자바스크립트에서 참이냐 거짓이냐의 구분은 약간 까다롭다. 대개의 언어에서는 불린 값 true, false는 논리 연산 결과의 참, 거짓을 의미하는데, 자바스크립트에서는 "Acorn" 같은 문자열이 true 값을 가질 수도 있다.

다음 표를 보고 자바스크립트의 true/false를 이해하기 바란다.

타입	결과
undefined	false
null	false
Boolean	참은 true, 거짓은 false!
Number	+0, −0, NaN는 false, 그 밖에는 모두 true
String	빈 문자열(길이가 0인 문자열)이면 false, 이 외의 경우(길이가 1 이상인 문자열)는 모두 true
Object	true

예제 코드로 결과를 확인해보자.

```
function testTruthy(val){
    return val ? console.log('truthy') : console.log('falsy');
}

testTruthy(true); // true
testTruthy(false); // false
testTruthy(new Boolean(false)); // true(객체는 항상 true)

testTruthy(''); // false
testTruthy('Acorn'); // true
```

```
testTruthy(new String('')); // true(객체는 항상 true)

testTruthy(1); // true
testTruthy(-1); // true
testTruthy(NaN); // false
testTruthy(new Number(NaN)); // true(객체는 항상 true)

testTruthy({}); // true(객체는 항상 true)

var obj = {name:'John'};
testTruthy(obj); // true
testTruthy(obj.name); // true
testTruthy(obj.age); // false(age란 프로퍼티는 존재하지 않음)
```

동등 연산자(==/===)

자바스크립트에서 제공하는 두 동등 연산자는 사용 시 혼동하기 쉽다.

==는 피연산자가 다른 타입일지라도 결과가 참일 수 있다. 자바스크립트 개발을 오래 한 사람도 헷갈리는 부분인데, 다음 표를 보고 ==의 쓰임새를 분명히 정리하자.

타입(x)	타입(y)	결과
null	undefined	true
undefined	null	true
Number	String	x == toNumber(y)
String	Number	toNumber(x) == y
Boolean	Any	toNumber(x) == y
Any	Boolean	x == toNumber(y)
String 또는 Number	Object	x == toPrimitive(y)
Object	String 또는 Number	toPrimitive(x) == y

x와 y가 같은 타입이면 자바스크립트는 두 값이나 객체를 비교할 때 equals 메소드를 사용한다. 표에 없는 다른 조합의 결과는 모두 false이다.

내장 메소드, toNumber와 toPrimitive는 이어지는 두 표에 정리한 기준으로 결과 값을 만든다.

먼저, toNumber 메소드다.

타입	결과
undefined	NaN
null	+0
Boolean	true이면 1, false이면 +0
Number	원래 수치 그대로
String	문자열을 숫자형으로 파싱한다. 순수 문자로만 구성된 문자열이라면 결과는 NaN, 숫자로 구성된 문자열이라면 결과는 숫자형으로 바뀐 값이다.
Object	toNumber(toPrimitive(value))

다음은 toPrimitive이다.

타입	결과
Object	valueOf의 결과가 기본 값이라면 기본 값 그대로 반환한다. toString의 결과가 기본 값이라면 역시 기본 값 그대로 반환한다. 나머지 경우는 모두 에러다.

몇 가지 예를 들어보자. 우선, 다음 코드를 실행한 결과는 분명히 true이다(문자열의 길이 〉1).

```
console.log('Acorn' ? true : false);
```

그렇다면 다음 코드는?

```
console.log('Acorn' == true);
```

결과는 false이다! 이유가 뭘까?

1. 먼저, toNumber 메소드로 불린 값을 변환하면 Acorn == 1이다.
2. 다음, toNumber 메소드로 문자열을 변환하는데, 순수 문자로만 구성된 문자열이므로 결과는 NaN이다. 따라서 결국 NaN == 1이므로 결과는 false이다.

이번에는 다음 코드의 결과를 추측해보자.

```
console.log('Acorn' == false);
```

역시 결과는 false이다! 중간 과정을 살펴보자.

1. 먼저, toNumber 메소드로 불린 값을 변환하면 Acorn == 0이다.
2. 다음, toNumber 메소드로 문자열을 변환하는데, 순수 문자로만 구성된 문자열이므로 결과는 NaN이다. 따라서 결국 NaN == 0이므로 결과는 false이다.

그렇다면 === 연산자는 어떨까? ===는 훨씬 쉽다. 타입이 다른 두 피연산자의 연산 결과는 항상 false이기 때문이다. 같은 타입이라면 다음 표를 기준으로 판단한다.

타입(x)	값	결과
Number	x는 y와 동일한 값을 갖는다(NaN는 아님).	true
String	x와 y는 동일한 문자열이다.	true
Boolean	x와 y는 둘 다 true이거나 둘 다 false이다.	true
Object	x와 y는 동일한 객체를 참조한다.	true

x와 y의 타입이 다르면 결과는 언제나 false이다.

예시를 몇 가지 더 보자.

```
console.log('Acorn' === true); // false

console.log('Acorn' === 'Acorn'); // true

var person1 = {name:'John'};
var person2 = {name:'John'};
console.log(person1 === person2); // 다른 객체이므로 false이다.
```

제어 구조

자바스크립트의 제어 구조는 C, 자바와 비슷하다. if…else, switch 같은 조건문, while, do…while, for 등의 루프문이 있다.

조건문

우선 if…else 문의 사용법이다.

조건식이 true일 경우에만 실행할 스크립트는 if 문 블록으로 감싼다.

```
var num = 1;
if (num === 1) {
    console.log("num은 1과 같다");
}
```

조건식이 false일 경우 실행할 스크립트를 지정할 경우는 if…else 문을 사용한다.

```
var num = 0;
if (num === 1) {
    console.log("num은 1과 같다");
} else {
    console.log("num은 1과 같지 않다, num의 값은 " + num + "이다");
}
```

if…else 문은 삼항 연산자ternary operator로도 표현할 수 있다. 다음의 if…else 문은,

```
if (num === 1){
    num--;
} else {
    num++;
}
```

이렇게 바꾸어도 같다.

```
(num === 1) ? num-- : num++;
```

스크립트가 여러 개라면, if…else 문을 여러 개 넣어 각각 분기한다.

```
var month = 5;
if (month === 1) {
    console.log("1월");
} else if (month === 2){
    console.log("2월");
} else if (month === 3){
    console.log("3월");
} else {
    console.log("month는 1월, 2월, 3월 중 어느 것도 아니다");
}
```

다음은 switch 문이다. 앞서 살펴본 코드와 조건이 같다면(물론, 비교하는 값은 다르다) 다음 switch 문으로 바꿀 수 있다.

```
var month = 5;
switch(month) {
    case 1:
        console.log("1월");
        break;
    case 2:
        console.log("2월");
        break;
    case 3:
        console.log("3월");
        break;
    default:
        console.log("month는 1월, 2월, 3월 중 어느 것도 아니다");
}
```

switch 문은 case와 break를 잘 쓰는 게 중요하다. case 절은 지정된 값이 switch의 값과 같은지 비교하는 역할을 하고, break 문은 그 다음의 코드가 실행되지 않도록 switch 문을 중단시킨다(이렇게 하지 않으면 나머지 case의 코드도 실행돼버린다). 그리고 default 문의 스크립트는 어떤 case도 true가 아닐 때(또는 실행된 case의 코드에 break 문이 없을 때), 기본 실행된다.

루프문

루프문은 배열(다음 장에서 다룬다)에서 빈번하게 등장한다. 이 책의 알고리즘에서도 for 루프문을 쓴다.

for는 C, 자바와 정확히 똑같다. 숫자 값을 루프 카운터에 할당하고, 변수 값을 다른 값과 비교하면서(for 루프 내부의 스크립트는 이 조건이 true일 경우에만 실행된다) 루프 카운터를 증감한다.

10보다 작은 i 값을 콘솔에 출력하는 예제를 보자. i는 0으로 초기화되므로 0에서 9까지의 숫자를 출력할 것이다.

```
for (var i=0; i<10; i++) {
    console.log(i);
}
```

while 루프문은 조건식이 true일 경우에만 해당 스크립트가 실행된다. 다음 코드에서 0으로 초기화된 i가 10보다 작으면(즉 9와 같거나 더 작으면) i를 출력한다. 따라서 콘솔에는 0, 1, 2, …, 9가 출력된다.

```
var i = 0;
while(i<10)
{
    console.log(i);
    i++;
}
```

do...while 루프문은 while과 비슷하다. 한 가지 차이점이라면, while은 스크립트가 실행되기 전에 조건식이 평가되는 반면, do...while은 스크립트가 일단 한 번은 실행되고 나서 조건식이 평가된다는 것이다. 따라서 do...while 루프의 스크립트는 적어도 한 번은 반드시 실행된다. 다음 코드의 결과도 0, 1, 2, …, 9이다.

```
var i = 0;
do {
    console.log(i);
    i++;
} while (i<10)
```

함수

자바스크립트에서 함수의 비중은 매우 크다. 앞으로 보게 될 예제 코드에서도 함수는 자주 목격될 것이다.

다음은 기본적인 함수의 문법을 나타낸 코드다. 인자도 없고 return 문도 없다.

```
function sayHello() {
    console.log('안녕하세요!');
}
```

함수를 호출하는 방법은 간단하다.

```
sayHello();
```

함수는 인자를 받을 수 있다. **인자**_{argument}는 함수가 어떤 일을 하기 위해 필요한 변수다. 다음 함수는 text라는 인자를 받는다.

```
function output(text) {
    console.log(text);
}
```

인자를 넣어 호출해보자.

```
output('안녕하세요!');
```

인자를 여러 개 넘길 수도 있다.

```
output('안녕하세요!', '여러분');
```

두 번째 인자는 함수에 정의되어 있지 않으므로 간단히 무시되고, 첫 번째 인자만 사용한다.

함수는 다음과 같이 값을 반환할 수 있다.

```
function sum(num1, num2) {
    return num1 + num2;
}
```

두 인자를 더한 결과를 반환하는 함수다. 호출하는 방법은 이렇다.

```
var result = sum(1,2);
output(result);
```

객체지향 프로그래밍

자바스크립트 객체는 아주 간단한 키-값 쌍의 집합이다. 자바스크립트 객체를 생성하는 방법은 두 가지가 있는데, 먼저 첫 번째 방법이다.

```
var obj = new Object();
```

두 번째 방법은 상대적으로 더 간단하다.

```
var obj = {};
```

객체는 생성과 동시에 값을 초기화할 수 있다.

```
obj = {
    name: {
        first: '간달프',
        last: '회색의'
    },
    address: '중간계'
};
```

객체지향 프로그래밍OOP, object-oriented programming에서 객체는 클래스의 인스턴스instance이며, 클래스는 객체의 특성을 정의한다. 이 책에서도 자료 구조와 알고리즘을 설명할 때 클래스를 생성한다. 도서를 나타내는 클래스를 생각해보자.

```
function Book(title, pages, isbn){
    this.title = title;
    this.pages = pages;
    this.isbn = isbn;
}
```

클래스의 인스턴스는 다음과 같이 생성한다.

```
var book = new Book('제목', 123, 9781783554874);
```

book 객체의 프로퍼티를 조회하거나 고치는 방법은 다음과 같다.

```
console.log(book.title); // 도서 제목 출력
book.title = '자바스크립트 자료 구조와 알고리즘'; // 도서 제목 업데이트
console.log(book.title); // 업데이트된 도서 제목 출력
```

클래스는 함수를 가질 수 있다. 다음 코드를 보면 이해가 빠를 것이다.

```
Book.prototype.printTitle = function(){
    console.log(this.title);
};
book.printTitle();
```

클래스 내부에 직접 함수를 선언할 수도 있다.

```
function Book(title, pages, isbn){
    this.title = title;
    this.pages = pages;
    this.isbn = isbn;
    this.printIsbn = function(){
        console.log(this.isbn);
    }
}
book.printIsbn();
```

 printTitle 함수는 Book 클래스의 모든 인스턴스가 공유할 수 있고, 함수 사본은 1개만 생성된다. 하지만 printIsbn처럼 클래스 내부에 정의한, 클래스 기반(class-based) 정의 함수는 각 인스턴스별로 자신의 함수 사본을 갖게 된다. 프로토타입(prototype) 메소드는 인스턴스에 함수를 할당하는 측면에서 보면 메모리와 처리 비용이 절약되는 이점이 있지만, public 함수/프로퍼티만 선언할 수 있다. 클래스 내부에 정의하면 private 함수/프로퍼티를 선언하고 클래스 내부의 다른 함수에서 참조할 수 있다. 이 책의 예제 코드에서는 주로 클래스 기반 정의 함수를 사용하지만(어떤 프로퍼티와 함수는 private으로 유지해야 하므로), 가급적 프로토타입 메소드를 사용하는 것이 바람직하다.

지금까지 기본적인 자바스크립트의 개념을 살펴봤다. 이제 재미있는 자료 구조와 알고리즘의 세계로 떠나자!

디버깅 툴

프로그램 코드를 작성하는 것만큼 어떻게 코드를 디버깅할지도 중요하다. 코드 오류를 탐지하기 위해서라도 디버깅은 필요하지만, 코드를 중간에 단계별로 끊어서 무슨 일이 벌어지고 있는지(호출된 메소드 스택, 변수 할당 등) 확인하는 용도로도 쓰인다. 이 책의 알고리즘 소스 코드 역시 단계별 디버깅에 익숙해지도록 충분한 시간을 할애하기 바란다(알고리즘을 더 잘 이해하는 데 큰 도움이 될 것이다).

파이어폭스, 크롬 모두 디버깅을 지원한다. 구글 개발자 툴로 자바스크립트를 디버깅하는 방법은 다음 구글 튜토리얼에 아주 훌륭하게 잘 기술되어 있다.

https://developer.chrome.com/devtools/docs/javascript-debugging

기호에 따라 텍스트 편집기를 사용해도 되지만, 자바스크립트 개발 생산성을 높여주는 아주 좋은 툴들이 많다.

- **앱타나**Aptana: 무료로 배포하는 오픈소스 IDE로 자바스크립트, CSS3, HTML5를 비롯한 그 밖의 언어도 지원한다(http://www.aptana.com/).
- **웹스톰**WebStorm: 최신 웹 기술과 프레임워크를 지원하는 아주 강력한 자바스크립트 IDE이다. 돈을 주고 사야 하지만, 30일 무료 평가판을 내려받을 수 있다 (http://www.jetbrains.com/webstorm/).
- **서브라임 텍스트**Sublime Text: 가벼운 텍스트 편집기로, 플러그인을 설치해서 사용자 입맛에 맞게 바꿀 수 있다. 개발팀에게 한턱내는 의미로 라이선스를 구매해도 좋겠지만 무료로 사용해도 문제될 건 없다(평가판에도 만료일자는 없다. http://www.sublimetext.com/).

정리

1장에서는 이 책의 예제 코드를 작성하고 실행하기 위해 개발 환경을 설치하는 방법을 알아봤다.

앞으로 줄곧 다룰 자료 구조와 알고리즘을 작성하기 전에 자바스크립트 언어의 기본 지식을 복습했다.

다음 장에서는 자바스크립트를 비롯한 수많은 프로그래밍 언어에 처음부터 내장된 기초 자료 구조인 배열을 살펴본다.

2
배열

배열array은 가장 간단한 메모리 데이터 구조다. 거의 모든 프로그래밍 언어에서 배열은 기본으로 내장된 데이터 타입이다. 비록 최초 버전에서는 누락된 바 있지만, 자바스크립트도 배열은 기본 지원한다. 2장에서는 배열 자료 구조와 기능에 대해 알아본다.

배열은 동일한 데이터 타입의 값들을 연속적으로 저장한 것이다. 물론 자바스크립트에서는 상이한 타입의 데이터도 한 배열에 넣을 수 있지만, 이 책에서는 그렇게 하지 않는 것을 베스트 프랙틱스로 한다(다른 언어는 대부분 이런 기능 자체가 아예 없다).

왜 배열을 사용하는가?

우리가 살고 있는 도시의 연중 월별 평균 기온을 저장한다고 치자. 그냥 쉽게 생각해서 다음과 같은 코드를 떠올려볼 수 있다.

```
var averageTempJan = 31.9;
var averageTempFeb = 35.3;
var averageTempMar = 42.4;
var averageTempApr = 52;
var averageTempMay = 60.8;
```

하지만 이는 좋은 코드가 아니다. 올해 1년치 데이터만 해도 12개의 변수가 필요
한데, 내년 데이터까지 감안하면 변수가 더 많이 필요하기 때문이다. 다행히 배열
이 있기에 이런 고민을 할 필요 없이 깔끔하게 표시할 수 있다.

```
averageTemp[0] = 31.9;
averageTemp[1] = 35.3;
averageTemp[2] = 42.4;
averageTemp[3] = 52;
averageTemp[4] = 60.8;
```

averageTemp를 그림으로 나타내면 다음과 같다.

배열의 생성과 초기화

자바스크립트 배열은 아주 쉽게 선언, 생성, 초기화할 수 있다. 다음 코드를 보자.

```
var daysOfWeek = new Array(); // {1}
var daysOfWeek = new Array(7); // {2}
var daysOfWeek = new Array('일요일', '월요일', '화요일', '수요일',
'목요일', '금요일', '토요일'); // {3}
```

간단히 new 키워드({1})로 배열 인스턴스를 생성했다. new 키워드에 인자를 주면
배열의 크기를 지정할 수 있다({2}). 처음부터 초기화할 원소를 생성자에 전달하는
방법도 있다({3}).

하지만 new 대신 간단히 대괄호([])를 써서 배열을 선언하는 편이 좋다.

```
var daysOfWeek = [];
```

물론, 배열 원소를 초기화할 수도 있다.

```
var daysOfWeek = ['일요일', '월요일', '화요일', '수요일',
'목요일', '금요일', '토요일'];
```

배열 원소의 개수가 궁금하다면 length 프로퍼티를 조회한다. 7개의 원소가 있으니 다음 코드의 실행 결과는 7이다.

```
console.log(daysOfWeek.length);
```

대괄호 안에 숫자형 인덱스index를 넣으면 배열에서 특정 원소에 접근하거나 값을 바꿔줄 수 있다. 가령, daysOfWeek 배열의 전체 원소를 출력하고 싶다면, 루프문을 써서 다음과 같이 하나하나 출력한다.

```
for (var i=0; i<daysOfWeek.length; i++){
    console.log(daysOfWeek[i]);
}
```

또 다른 예를 보자. 피보나치Fibonacci 수열의 처음 20개 숫자를 구하는 코드를 작성하려고 한다. 피보나치 수열은 1과 2로 시작하고 이후의 숫자는 앞의 두 숫자의 합이다.

```
var fibonacci = []; // {1}
fibonacci[1] = 1;   // {2}
fibonacci[2] = 2;   // {3}

for(var i = 3; i < 20; i++){
    fibonacci[i] = fibonacci[i-1] + fibonacci[i-2]; //// {4}
}

for(var i = 1; i<fibonacci.length; i++){ // {5}
    console.log(fibonacci[i]);              // {6}
}
```

{1}에서 배열을 선언한다. {2}, {3}에서 피보나치 수열의 처음 두 숫자, 1, 2를 배열의 두 번째, 세 번째 원소에 각각 할당한다(자바스크립트 배열의 인덱스는 항상 0부터 시작하고 0번째 피보나치 수열이란 없으니 건너뛰는 것이다).

피보나치 수열의 세 번째부터 스무 번째 숫자까지 찾아보자(처음 두 숫자는 이미 찾았다). 루프문으로 배열의 이전 원소 2개를 더하고 그 결과를 현재 원소에 세팅하는 일을 반복한다(⟨4⟩, 배열 인덱스 3에서 19까지).

완성된 수열을 콘솔에서 확인하기 위해(⟨6⟩) 다시 처음부터 루프를 돌린다(⟨5⟩).

 ⟨5⟩, ⟨6⟩처럼 배열의 각 원소를 일일이 출력해도 되지만, console.log(fibonacci) 한 문장으로 배열 자체를 출력하는 방법도 있다. 대부분의 브라우저는 이렇게만 해도 배열을 깔끔하게 표시한다.

20 이상의 피보나치 수열을 확인하고 싶다면 하드 코딩된 20을 다른 숫자로 바꾸면 된다.

원소 추가와 삭제

배열의 원소 추가/삭제는 어렵지 않지만 조금 까다롭다. 0에서 9까지 정수가 나열된 numbers 배열을 예로 들어보자.

```
var numbers = [0,1,2,3,4,5,6,7,8,9];
```

이 배열에 새 원소(10)를 추가하려면, 가장 마지막 인덱스에 원하는 값을 할당한다.

```
numbers[numbers.length] = 10;
```

 자바스크립트 배열은 가변(mutable) 객체다. 원소를 쉽게 추가할 수 있고 객체는 동적으로 커진다. C, 자바 같은 언어에서는 배열의 크기가 미리 정해지므로 원소를 추가하려면 배열을 다시 새로 만들어야 한다. 자바스크립트처럼 그때그때 간단히 추가할 수 있는 구조가 아니다.

push 메소드를 이용해 배열의 마지막 위치에 새 원소를 추가하는 방법도 있다. 추가할 원소를 인자에 원하는 만큼 넘겨주면 된다.

```
numbers.push(11);
numbers.push(12, 13);
```

numbers 배열에는 0부터 13까지의 숫자들이 담겨 있을 것이다.

배열의 마지막이 아니라 앞부분에 새 원소를 추가하고 싶다면 어떻게 할까? 먼저 기존에 들어 있던 원소를 전부 우측으로 한 칸씩 이동시켜 첫 번째 위치를 비워놔야 할 것이다. 다음 코드에서 for 문으로 마지막 위치 + 1(길이)부터 모든 원소를 순회하면서 이전 원소를 새로운 위치로 옮기고 마지막에 새로운 값을(-1) 첫 번째 위치에 할당한다.

```
for (var i=numbers.length; i>=0; i--){
    numbers[i] = numbers[i-1];
}
numbers[0] = -1;
```

이 과정을 알기 쉽게 그림으로 나타내면 다음과 같다.

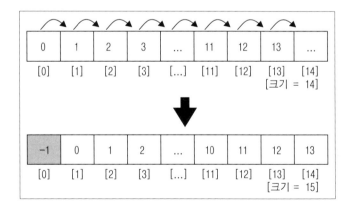

자바스크립트에는 Array.unshift라는 메소드가 있는데, 배열 앞부분에 삽입할 값(들)을 인자로 넘겨준다.

```
numbers.unshift(-2);
numbers.unshift(-4, -3);
```

이 코드에서 unshift 메소드는 -2를, 그리고 -3과 -4를 차례로 numbers 배열 전단에 추가한다. 실행 결과, 배열에는 -4~13의 숫자가 들어간다.

자, 이렇게 추가한 배열 값을 삭제하려면 어떻게 해야 할까?

pop은 배열 뒷부분의 값을 삭제할 때 쓰는 메소드다.

```
numbers.pop();
```

 push/pop은 배열로 기본 스택 자료 구조를 모방한 메소드로, 스택은 다음 장에서 다시 다룬다.

실행 결과 13이 빠지면서 배열에 포함된 숫자는 -4~12이고 배열의 크기는 17이다.

배열 앞부분의 값을 없애려면 다음 코드처럼 한다.

```
for (var i=0; i<numbers.length; i++){
    numbers[i] = numbers[i+1];
}
```

실행 과정을 도식화하면 다음과 같다.

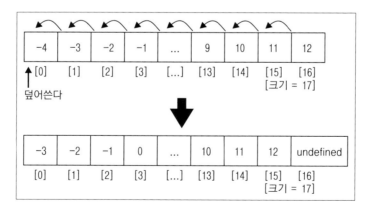

모든 원소를 한 칸씩 좌측으로 옮겼는데도 배열의 크기는 여전히 17이다. 즉 배열에 잉여 원소(값은 undefined)가 발생했다는 뜻이다. 루프 내 코드가 마지막으로 실행될 때 i+1은 존재하지 않는 위치를 참조한다(일부 언어에서는 이런 경우 예외를 던지고 numbers.length - 1에서 루프를 중단하기도 한다).

눈치챘겠지만 배열의 원래 값들이 덮어쓰인 것이지 실제로 값을 삭제한 것은 아니다(배열의 길이가 동일하고 잉여 원소 undefined가 만들어진 걸 보면).

어떤 원소를 배열 앞부분부터 정말 지우고 싶다면 shift 메소드를 사용한다.

```
numbers.shift();
```

좀 전의 코드는 실행해도 배열의 길이는 17이고 -4~12 숫자가 담겨 있었는데, shift 메소드를 쓰면 길이가 16으로 줄고 값은 -3~12가 되는 걸 알 수 있다.

 shift/unshift는 배열로 기본 큐 자료 구조를 모방한 메소드로, 큐는 4장 '큐'에서 다시 다룬다.

지금까지는 배열의 앞/뒷부분에 원소를 추가/삭제하는 방법을 살펴봤다. 이번에는 배열의 특정 위치에 원소를 추가/삭제하는 방법을 생각해보자.

배열에서 특정 원소를 삭제할 때는 간단히 splice 메소드 하나만 있으면 된다. 어디서부터 삭제할지(인덱스), 그로부터 몇 개의 원소를 삭제할지(개수)를 인자로 넘겨주기만 하면 끝이다.

```
numbers.splice(5,3);
```

이 코드는 인덱스 5에서 시작되는 3개의 원소를 날린다. 즉 삭제되는 원소는 numbers[5], numbers[6], numbers[7]이다. 실행 결과, 배열은 -3, -2, -1, 0, 1, 5, 6, 7, 8, 9, 10, 11, 12가 된다(숫자 2, 3, 4가 없어졌다).

숫자 2, 3, 4를 다시 첨자 5의 위치에 끼워 넣을 때도 splice 메소드를 쓸 수 있다.

```
numbers.splice(5, 0, 2, 3, 4);
```

첫 번째 인자는 원소를 추가/삭제하려는 위치(인덱스), 그리고 두 번째 인자는 삭제할 원소의 개수다(개수가 0이면 원소를 삭제하지 않겠다는 의지의 표현이다). 세 번째 인자 이후로는 배열에 추가할 원소들(2, 3, 4)을 죽 나열한다. 그래서 실행 결과, 배열은 다시 -3~12가 된다.

```
numbers.splice(5, 3, 2, 3, 4);
```

실행 결과는? -3~12이다. 인덱스 5의 위치에서 원소 3개를 삭제하고 그 위치에 다시 2, 3, 4를 삽입했으니 실행 전/후 결과는 똑같다.

2차원과 다차원 배열

이 장 앞에서 예로 들었던 평균 온도 문제로 다시 돌아가자. 단, 이번에는 2, 3일 동안 시간별 온도를 측정하기로 한다. 배열로 온도 값을 저장하는 방법은 이미 살펴봤으므로, 2일 동안 측정한 온도는 다음과 같이 간단히 나타낼 수 있다.

```
var averageTempDay1 = [72,75,79,79,81,81];
var averageTempDay2 = [81,79,75,75,73,72];
```

하지만 별로 좋지 않은 냄새가 나는 코드다. 더 나은 코드를 궁리하기를! 행렬 matrix(2차원 배열)을 이용하면 행에 날짜를, 열에 매 시간 측정한 온도를 각각 저장할 수 있다.

```
var averageTemp = [];
averageTemp[0] = [72,75,79,79,81,81];
averageTemp[1] = [81,79,75,75,73,72];
```

자바스크립트는 1차원 배열만 지원할 뿐 행렬 기능은 따로 없다. 하지만 배열의 배열이라는 관점에서 보면 앞의 코드와 같이 행렬이나 다차원 배열을 구현하는 데 문제가 없다. 좀 전의 코드를 다음과 같이 바꿔쓸 수 있는 것이다.

```
// 1일째
averageTemp[0] = [];
averageTemp[0][0] = 72;
averageTemp[0][1] = 75;
averageTemp[0][2] = 79;
averageTemp[0][3] = 79;
```

```
averageTemp[0][4] = 81;
averageTemp[0][5] = 81;
// 2일째
averageTemp[1] = [];
averageTemp[1][0] = 81;
averageTemp[1][1] = 79;
averageTemp[1][2] = 75;
averageTemp[1][3] = 75;
averageTemp[1][4] = 73;
averageTemp[1][5] = 72;
```

날짜와 시간은 각각 분리해서 지정했다. 다이어그램으로 표시하면 다음과 같다.

	[0]	[1]	[2]	[3]	[4]	[5]
[0]	72	75	79	79	81	81
[1]	81	79	75	75	73	73

행은 날짜를, 열은 그날의 매 시간을 나타내며, 저장된 값은 측정된 온도다.

행렬의 내용을 확인해보고 싶을 때 쓸 수 있는 콘솔 출력 함수를 만들어두면 나중에 편하다.

```
function printMatrix(myMatrix) {
    for (var i=0; i<myMatrix.length; i++){
        for (var j=0; j<myMatrix[i].length; j++){
            console.log(myMatrix[i][j]);
        }
    }
}
```

전체 행과 열을 순회하려고 for 루프를 중첩했다. 여기서 i는 행, j는 열을 각각 가리킨다.

averageTemp 행렬의 내용을 직접 확인해보자.

```
printMatrix(averageTemp);
```

3차 이상의 다차원 배열도 가능하다. 예를 들어, 3×3 행렬을 만들어 각 셀에 i(행)
+ j(열) + z(깊이) 값을 저장하는 코드를 작성해보자.

```
var matrix3x3x3 = [];
for (var i=0; i<3; i++){
   matrix3x3x3[i] = [];
   for (var j=0; j<3; j++){
      matrix3x3x3[i][j] = [];
      for (var z=0; z<3; z++){
         matrix3x3x3[i][j][z] = i+j+z;
      }
   }
}
```

자료 구조에서 차원의 수는 문제되지 않는다. 셀에 접근하기 위해 차원별로 루프
를 돌리면 된다. 다음 그림은 3×3×3 행렬이다.

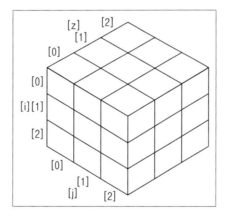

3차원 행렬의 내용은 다음과 같이 확인할 수 있다.

```
for (var i=0; i<matrix3x3x3.length; i++){
   for (var j=0; j<matrix3x3x3[i].length; j++){
      for (var z=0; z<matrix3x3x3[i][j].length; z++){
         console.log(matrix3x3x3[i][j][z]);
      }
   }
}
```

만약 3×3×3×3 행렬이라면 for 루프를 네 번 중첩하면 되고, 그 이상도 방법은
같다.

자바스크립트 배열 메소드 정리

자바스크립트 Array는 배열에서 요긴하게 쓸 만한 메소드가 내장된 변형 객체다.
자바스크립트 배열은 그 자체로도 강력하지만, 여타 언어의 기본 배열보다 더 많
은 기능을 갖고 있다는 점이 흥미롭다. 덕분에 코딩 시 배열 중간에 원소를 추가/
삭제하는 등의 함수를 애써 직접 구현하지 않아도 된다.

다음 표는 많이 쓰이는 배열 객체 메소드를 간단히 정리한 것이다.

메소드	설명
concat	다수의 배열을 합치고, 병합된 배열의 사본을 반환한다.
every	false가 반환되기 전까지 배열의 각 원소별로 함수를 호출한다.
filter	지정된 함수의 결과 값을 true로 만드는 원소들로만 구성된 별도의 배열을 반환한다.
forEach	배열의 각 원소별로 지정된 함수를 실행한다.
join	배열 원소 전부를 하나의 문자열로 합친다.
indexOf	특정 원소의 인덱스를 찾아 반환한다.
lastIndexOf	검색 조건에 부합하는, 가장 마지막에 위치한 원소를 찾아 그 인덱스를 반환한다.
map	배열의 각 원소별로 지정된 함수를 실행한 결과로 구성된 새로운 배열을 반환한다.
reverse	배열의 원소 순서를 거꾸로 바꾼다.
slice	지정된 인덱스부터 원소를 잘라 새로운 배열을 반환한다.
some	지정된 함수의 결과 값을 true로 만드는 원소 각각을 전달한다.
sort	배열의 원소를 알파벳순으로, 또는 지정된 함수에 따른 순서로 정렬한다.
toString	배열을 문자열로 바꾸어 반환한다.
valueOf	toString 메소드와 같다. 배열을 문자열로 반환한다.

push, pop, shift, unshift, splice 메소드는 이미 살펴봤으니 이 외의 메소드를 눈여겨보기 바란다. 이후의 장들에서 자료 구조와 알고리즘을 코딩할 때 다시 활용할 것이다.

여러 배열 합치기

다수의 배열을 하나로 합쳐야 할 때가 있다. 각 배열을 루프로 반복해서 원소를 하나하나 결과 배열에 담는 것도 방법이겠지만, concat 메소드가 다행히도 이 진부한 작업을 대신한다.

```
var zero = 0;
var positiveNumbers = [1, 2, 3];
var negativeNumbers = [-3, -2, -1];
var numbers = negativeNumbers.concat(zero, positiveNumbers);
```

병합할 배열이나 객체/원소는 몇 개가 되었든 인자로 넘겨주기만 하면 넘긴 순서 그대로 합쳐진다. 예제 코드에서는 먼저 zero가 negativeNumbers에 병합되고, 그 다음 positiveNumbers가 병합된다. 결국 numbers 배열은 -3, -2, -1, 0, 1, 2, 3이다.

반복자 함수

배열의 각 원소를 반복할 때 사용한다. 이미 앞에서 for 등으로 루프문을 만들어 사용한 바 있다.

자바스크립트 배열은 몇 가지 반복자iterator 메소드가 내장되어 있다. 예를 들어, 1부터 15까지의 숫자가 나열된 배열과, 2의 배수 여부를 체크하는 함수가 있다고 하자.

```
var isEven = function (x) {
    // x가 2의 배수이면 true를 반환한다.
    console.log(x);
    return (x % 2 == 0) ? true : false;
};
var numbers = [1,2,3,4,5,6,7,8,9,10,11,12,13,14,15];
```

return (x % 2 == 0) ? true : false;는 return (x % 2 == 0);으로 바꿔 쓸 수 있다.

먼저 every 메소드다. 이 메소드는 함수의 결과 값이 false가 될 때까지 배열의 모든 원소를 반복한다.

```
numbers.every(isEven);
```

numbers 배열의 첫 원소는 1이고, 1은 2의 배수가 아니므로 isEven 함수는 false 를 반환한다. 따라서 isEven 함수는 딱 한 번만 실행되고 그대로 프로그램은 종료 된다.

다음은 some 메소드다. every 메소드와 비슷하지만, 지정된 함수의 결과가 true 일 때까지 배열의 각 원소를 반복한다.

```
numbers.some(isEven);
```

이 배열의 첫 번째 짝수는 2(2번째 원소)이다. 첫 번째 원소는 1이므로 false가 반 환되고, 두 번째 원소 2는 짝수이므로 true가 반환될 것이다. 따라서 두 번째 반복 까지 마치고 프로그램은 종료된다.

조건에 상관없이 배열의 모든 원소를 반복하려면 forEach 함수를 쓴다. 내부에 함 수 코드를 가지며 기능적으로는 for와 동일하다.

```
numbers.forEach(function(x){
    console.log((x % 2 == 0));
});
```

자바스크립트에는 수행 결과를 새 배열 객체로 반환하는 메소드가 둘 있다. 먼저 map 메소드다.

```
var myMap = numbers.map(isEven);
```

myMap 배열은 [false, true, false, true, false, true, false, true, false, true, false, true, false, true, false]가 된다. map 메소드에 인자로 넘겨진 isEven 함수의 결과 값이 이 배열에 담긴 것이다. 이렇게 하면 어떤 숫자

가 짝수인지 아닌지 쉽게 알 수 있다. 이를테면 myMap[0]은 1이 짝수가 아니므로 false, myMap[1]은 2가 짝수이므로 true이다.

다음은 filter 메소드로, 함수의 결과 값을 true로 만드는 원소로만 구성된 새 배열을 반환한다.

```
var evenNumbers = numbers.filter(isEven);
```

코드를 실행하면, evenNumbers에는 다음과 같이 2의 배수인 원소들만 모인다. [2, 4, 6, 8, 10, 12, 14]

마지막으로 reduce 메소드다. 이 메소드에는 previousValue, currentValue, index, array를 인자로 받는 함수를 지정하는데, 이 함수로 덧셈기에 추가될 값을 반환하게 하여 reduce 메소드의 실행이 종료된 후 최종 결과 값을 얻을 수 있다. 다음과 같이 모든 배열 원소 값의 총합을 구할 때 유용한 메소드다.

```
numbers.reduce(function(previous, current, index){
    return previous + current;
});
```

결과는 120이 될 것이다.

검색과 정렬

이 책 전반에 걸쳐 정렬과 검색 알고리즘을 공부하겠지만, 자바스크립트 배열에는 이미 정렬/검색 기능을 수행하는 메소드가 내장되어 있다.

먼저, numbers 배열에서 원소 순서를 거꾸로 바꾸고 싶을 경우(1, 2, 3, …, 15로 정렬된 상태에서), reverse 메소드를 적용하면 마지막 원소가 첫 번째 원소로 옮겨지는 식으로 원소들의 순서가 반대가 된다.

```
numbers.reverse();
```

실행 결과, numbers 배열은 [15, 14, 13, 12, 11, 10, 9, 8, 7, 6, 5, 4, 3, 2, 1] 이 된다. 여기서 다시 정렬을 하기 위해 sort 메소드를 적용해보자.

```
numbers.sort();
```

결과를 확인해보면 numbers 배열은 [1, 10, 11, 12, 13, 14, 15, 2, 3, 4, 5, 6, 7, 8, 9]가 된다. 이상하다! 순서가 엉망이 돼버렸는데, 그 이유는 sort 메소드가 모든 원소를 문자열로 취급해 사전적으로lexicographically 정렬하기 때문이다.

그래서 비교 함수를 직접 만들어 정렬 로직을 구현해야 한다. 이 배열의 원소는 모두 숫자형이므로 다음과 같이 작성하면 된다.

```
numbers.sort(function(a,b){
    return a-b;
});
```

b가 a보다 크면 양수, a가 b보다 크면 음수, a와 b가 같으면 0을 반환하는 함수다. 즉 함수의 결과 값이 음수이면 a가 b보다 작다는 뜻이고, 이러한 결과 값을 기준으로 원소들을 정렬한다.

앞의 코드를 다음과 같이 바꿔써도 된다.

```
function compare(a, b) {
    if (a < b) {
        return -1;
    }
    if (a > b) {
        return 1;
    }
    // a는 b와 같다.
    return 0;
}


numbers.sort(compare);
```

자바스크립트 Array.sort 함수는 compareFunction을 인자로 받는다. 예제에서는 배열을 오름차순으로 정렬하는 비교 함수를 먼저 선언하고 sort 함수의 인자로 넘겨줬다.

사용자 정의 정렬

원소의 타입과 상관없이 배열은 정렬할 수 있으며, 함수로 필요에 맞게 정렬 로직을 구현한다. 예컨대 사람의 이름과 나이 정보를 가진 Person 객체가 있고 나이순으로 정렬한다고 하면,

```
var friends = [
    {name: 'John', age: 34},
    {name: 'Camila', age: 21},
    {name: 'Jack', age: 30}
];

function comparePerson(a, b){
    if (a.age < b.age){
        return -1
    }
    if (a.age > b.age){
        return 1
    }
    return 0;
}

console.log(friends.sort(comparePerson));
```

실행 결과는 Camila(21), Jack(30), John(34)가 될 것이다.

문자열 정렬

다음 코드의 실행 결과는 무엇일까?

```
var names = ['Ana', 'ana', 'john', 'John'];
console.log(names.sort());
```

정답은 다음과 같다.

```
["Ana", "John", "ana", "john"]
```

왜 a가 알파벳 순서로 가장 앞서는데도 ana가 John 뒤에 올까? 자바스크립트는 문자의 아스키ASCII 값을 비교하기 때문이다. A, J, a, j의 아스키 값은 각각 65, 74, 97, 106이다.

J가 a보다 아스키 값은 더 작기 때문에 먼저 등장하는 것이다.

 아스키 표는 http://www.asciitable.com/에서 자세히 참고하자.

대소문자 구별 없이 문자를 비교하는 compareFunction 함수를 넘겨주면 결과는 ["Ana", "ana", "John", "john"]이 될 것이다. 다음 코드를 보자.

```
names.sort(function(a, b){
    if (a.toLowerCase() < b.toLowerCase()){
        return -1
    }
    if (a.toLowerCase() > b.toLowerCase()){
        return 1
    }
    return 0;
});
```

악센트 부호가 붙은 문자가 있다면 다음과 같이 localeCompare 메소드를 이용한다.

```
var names2 = ['Maève', 'Maeve'];
console.log(names2.sort(function(a, b){
    return a.localeCompare(b);
}));
```

결과는 ["Maeve", "Maève"]이다.

검색

인자로 전달된 문자열과 매치되는 첫 번째 원소의 인덱스는 indexOf, 마지막 원소의 인덱스는 lastIndexOf, 두 메소드로 구할 수 있다. 다시 numbers 배열을 보자.

```
console.log(numbers.indexOf(10));
console.log(numbers.indexOf(100));
```

첫 번째 행의 실행 결과는 9, 두 번째 행의 실행 결과는 -1(100은 없는 원소이므로)이다.

다음 코드 역시 실행 결과는 같다.

```
numbers.push(10);
console.log(numbers.lastIndexOf(10));
console.log(numbers.lastIndexOf(100));
```

처음에 10을 배열 끝에 추가했으므로 두 번째 행의 실행 결과는 15(이 배열은 이제 1~15 + 10이다), 세 번째 행의 실행 결과는 -1(100은 없는 원소이므로)이다.

배열을 문자열로 변환

이제 마지막으로 toString, join 메소드 차례다.

배열의 모든 원소를 단일 문자열로 바꿀 때 toString 메소드를 쓴다.

```
console.log(numbers.toString());
```

실행 결과, 1, 2, 3, 4, 5, 6, 7, 8, 9, 10, 11, 12, 13, 14, 15, 10이 콘솔에 출력될 것이다.

각 원소 사이에 '-' 같은 구분자separator를 두고 싶다면 다음과 같이 join 메소드를 쓴다.

```
var numbersString = numbers.join('-');
console.log(numbersString);
```

결과는 다음과 같다.

```
1-2-3-4-5-6-7-8-9-10-11-12-13-14-15-10
```

배열 내용을 서버에 전송하거나 디코딩(구분자를 알고 있으므로 디코딩하기 용이하다) 할 때 아주 편하다.

자바스크립트 배열 관련 메소드의 사용법은 다음 자료를 참고하자.

- w3schools의 배열 페이지 http://www.w3schools.com/js/js_arrays.asp
- w3schools의 배열 메소드 페이지 http://www.w3schools.com/js/js_array_methods. asp
- 모질라 홈페이지에도 배열과 메소드에 대해 풍부한 예제와 함께 자세한 설명이 있다. https://developer.mozilla.org/en-US/docs/Web/JavaScript/Reference/Global_Objects/Array(http://goo.gl/vu1diT)
- 자바스크립트 프로젝트에 아주 괜찮은 라이브러리가 있다.
  - 언더스코어(Underscore) 라이브러리: http://underscorejs.org/
  - 로대시(Lo-Dash) 라이브러리: http://lodash.com/

정리

2장에서는 가장 많이 활용되는 배열 자료 구조에 대해 알아봤다. 배열의 원소를 추가/삭제하고 값을 선언, 초기화, 할당하는 방법을 배웠다. 2차원 배열을 비롯한 다차원 배열과, 나중에 뒤에서 알고리즘 구현에 쓰게 될 배열 객체의 내장 메소드도 종류별로 살펴봤다.

다음 장에서는 배열에 특별한 행위가 덧붙여진 스택을 공부한다.

3

스택

2장에서는 컴퓨터 과학에서 가장 많이 쓰이는 자료 구조인 배열을 생성하고 사용하는 방법을 알아봤다. 여러분이 학습한 것처럼 배열의 원하는 위치에 원소를 넣고 뺄 수 있다. 하지만 단지 원소를 추가/삭제하는 것 이상의 제어를 할 수 있는 형태의 자료 구조가 필요한 경우가 있는데, 바로 배열과 유사한 자료 구조인, 스택과 큐가 있다. 3장에서는 우선 스택을 알아본다.

스택stack은 LIFOLast In First Out(후입선출) 원리에 따라 정렬된 컬렉션ordered collection 이다. 스택의 자료는 항상 동일한 종단점에서 추가/삭제된다. 스택에서 종단점은 꼭대기top와 바닥base 둘뿐인데, 가장 최근 자료는 꼭대기 근처에, 가장 오래된 자료는 바닥 근처에 위치한다.

일상생활에서 흔히 볼 수 있는, 다음 그림과 같은 책더미나, 구내 식당이나 푸드코트에 쌓여 있는 식판을 떠올리면 쉽게 이해될 것이다.

스택은 프로그래밍 언어의 컴파일러에서도 사용하는 자료 구조로서, 변수나 메소드 호출을 컴퓨터 메모리에 저장할 때 쓰인다.

스택 만들기

스택을 나타내는 클래스를 직접 작성할 것이다. 기본적인 틀만 다음과 같이 선언해두자.

```
function Stack() {
    // 프로퍼티와 메소드는 여기에 기술
}
```

스택의 원소를 담아둘 자료 구조는 다음 배열로 정의한다.

```
var items = [];
```

그리고 스택을 구현하는 데 필요한 메소드를 나열하면 다음과 같다.

- push(원소(들)): 스택 꼭대기에 새 원소(들)를 추가한다.
- pop(): 스택 꼭대기에 있는 원소를 반환하고 해당 원소는 스택에서 삭제한다.
- peek(): 스택 꼭대기에 있는 원소를 반환하되 스택은 변경하지 않는다(원소를 삭제하지 않는다는 점이 다르다. 스택을 참조하는 용도로 쓰인다).
- isEmpty(): 스택에 원소가 하나도 없으면 true, 스택의 크기가 0보다 크면 false를 반환한다.

- clear(): 스택의 모든 원소를 삭제한다.

- size(): 스택의 원소 개수를 반환한다. 배열의 length 프로퍼티와 비슷하다.

push는 스택에 새로운 원소를 추가하는 메소드인데, 스택의 꼭대기에만 원소를 넣을 수 있다는 점을 꼭 기억하기 바란다. 다음 코드를 보자.

```
this.push = function(element){
    items.push(element);
};
```

스택 원소는 배열로 저장하기 때문에 2장에서 배운 자바스크립트 Array.push 메소드를 그대로 사용했다.

pop은 스택에서 원소를 삭제하는 메소드다. 스택은 LIFO 원리로 원소를 담기 때문에 가장 마지막에 추가한 원소가 가장 먼저 삭제된다. 따라서 다음 코드처럼 2장에서 배운 Array.pop 메소드를 다시 사용할 수 있다.

```
this.pop = function(){
    return items.pop();
};
```

peek은 일종의 헬퍼helper 메소드로, 스택에 가장 마지막으로 추가된 원소를 확인하는 용도로 쓰인다. 다음과 같이 구현하면 된다.

```
this.peek = function(){
    return items[items.length-1];
};
```

내부적으로 배열 객체에 원소를 쌓아두기 때문에 첨자 length - 1에 해당하는 원소를 가져오면 된다.

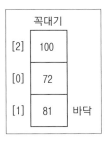

그림에서 스택에 3개의 원소가 들어 있으니 내부 배열의 `length`는 3이다. 따라서 가장 마지막에 추가된 원소의 첨자는 length - 1(3 - 1), 즉 2이다!

isEmpty 메소드는 스택이 비어 있으면(추가된 원소가 하나도 없으면) true를, 아니면 false를 반환한다.

```
this.isEmpty = function(){
    return items.length == 0;
};
```

isEmpty 메소드를 이용하면 내부 배열의 길이가 0인지 여부를 간단히 확인할 수 있다.

Array.length처럼 Stack 클래스에도 비슷한 프로퍼티를 하나 만들어주자. 컬렉션에는 보통 관습적으로 'length' 대신 'size'라는 용어를 쓴다. 다음 코드처럼 단순히 내부 배열의 length를 반환하면 된다.

```
this.size = function(){
    return items.length;
};
```

마지막으로, clear 메소드는 스택의 모든 원소를 깔끔히 청소하는 환경 미화원이다. 다음과 같이 간단하게 구현할 수 있다.

```
this.clear = function(){
    items = [];
};
```

스택을 완전히 비울 때까지 pop 메소드를 계속 호출해도 똑같다.

이제 됐다! Stack 클래스는 다 끝났다. 딱 한 가지, 앞으로 예제 코드를 실행하면서 스택에 쌓인 내용물을 콘솔에서 확인해보는 헬퍼 메소드(print)를 작성해두면 여러분의 인생이 좀 더 윤택해질 것이다.

```
this.print = function(){
    console.log(items.toString());
};
```

이제 정말 다 됐다!

완성된 Stack 클래스

완전히 다 구현된 Stack 클래스의 멋진 자태를 감상하시라!

```javascript
function Stack() {

    var items = [];

    this.push = function(element){
        items.push(element);
    };

    this.pop = function(){
        return items.pop();
    };

    this.peek = function(){
        return items[items.length-1];
    };

    this.isEmpty = function(){
        return items.length == 0;
    };

    this.size = function(){
        return items.length;
    };

    this.clear = function(){
        items = [];
    };

    this.print = function(){
        console.log(items.toString());
    };
}
```

Stack 클래스 사용

예제 코드로 달려가기 전에 잠시 Stack 클래스의 사용법을 알아보자.

가장 먼저 할 일은 마땅히 Stack 클래스의 인스턴스를 생성하는 것이다. 그리고 결과는 뻔하겠지만 빈 스택인지 확인하자(아직 아무것도 추가한 것이 없으니 당연히 결과는 true이다).

```
var stack = new Stack();
console.log(stack.isEmpty()); // 결과는 true
```

스택에 원소 몇 개를 넣어보자(여기서는 숫자 5와 8을 추가한다. 여러분이 원하는 어떤 타입의 원소라도 상관없다).

```
stack.push(5);
stack.push(8);
```

peek 메소드를 호출해보면 스택에 마지막으로 들어간 원소는 8이므로 결과는 8이다.

```
console.log(stack.peek()); // 결과는 8
```

원소를 하나 더 추가해보자.

```
stack.push(11);
console.log(stack.size()); // 결과는 3
console.log(stack.isEmpty()); // 결과는 false
```

11을 넣으면 현재 이 스택에는 5, 8, 11이 있으니 size 메소드로 스택 크기를 확인해보면 3이다. 원소가 3개나 있으니 isEmpty 메소드의 결과는 당연히 false이다. 자, 원소를 하나만 더 넣어보자.

```
stack.push(15);
```

다음 그림은 지금까지 우리가 해왔던 push 작업들과 현재 스택의 상태를 표현한 것이다.

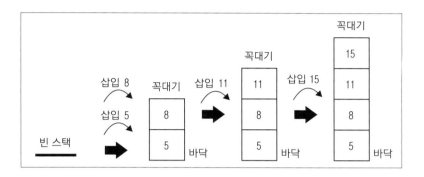

pop 메소드를 두 번 호출해서 스택의 원소 2개를 삭제해보자.

```
stack.pop();
stack.pop();
console.log(stack.size()); // 결과는 2
stack.print(); // 결과는 [5, 8]
```

총 4개의 원소를 가진 스택에 pop 메소드를 두 번 적용하니 이제 원소는 5와 8, 2개만 남았다. 다음 그림을 보면 pop 메소드가 무슨 일을 했는지 이해가 빠를 것이다.

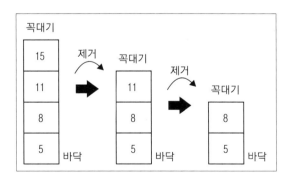

10진수에서 2진수로 변환

Stack 클래스의 사용법을 익혔으니 이를 바탕으로 컴퓨터 과학책에 등장하는 문제들을 풀어보자.

10진법을 모르는 사람은 없을 것이다. 그러나 컴퓨터에서 모든 것은 0과 1, 두 개의 이진수로만 표시되므로 컴퓨터 과학에서는 2진법 표기가 훨씬 더 중요하다. 10진법과 2진법 사이를 자유롭게 변환할 수 없다면 컴퓨터와 대화를 하기란 여간 불편한 게 아닐 것이다.

10진수를 2진수로 바꾸려면 나눗셈의 몫이 0이 될 때까지 2로 나누면 된다(2진법에서 기수는 2이다). 예를 들어, 10진수 10을 2진수로 변환하는 과정은 다음 그림과 같다.

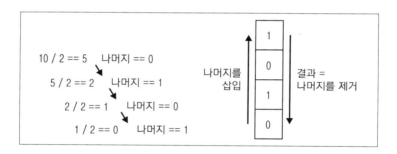

'컴퓨터 과학 개론' 수업의 첫 시간에 여러분이 배웠을 내용이다. 이 알고리즘을 코딩하면 다음과 같다.

```
function divideBy2(decNumber){

  var remStack = new Stack(),
     rem,
     binaryString = '';

  while (decNumber > 0){ // {1}
     rem = Math.floor(decNumber % 2); // {2}
     remStack.push(rem); // {3}
     decNumber = Math.floor(decNumber / 2); // {4}
```

```
    }

    while (!remStack.isEmpty()){ // {5}
        binaryString += remStack.pop().toString();
    }

    return binaryString;
}
```

이 코드에서, 나눗셈 몫이 0이 아닐 때까지({1}) 나머지(mod)를 스택에 밀어넣고 ({2}, {3}), decNumber는 스스로를 2로 나눈 몫으로 업데이트한다({4}). 여기서 주의하자. 자바스크립트는 숫자형 데이터 타입이 있을 뿐, 정수와 부동소수점을 구분하지 않는다. 따라서 나눗셈의 몫(정수)만을 얻으려면 Math.floor 함수를 사용해야 한다. 그리고 마지막으로 스택이 텅 빌 때까지 원소를 pop 메소드로 꺼내어 문자열로 연결하면 2진수가 완성된다({5}).

제대로 구현됐는지 다음 코드로 콘솔에서 확인해보자.

```
console.log(divideBy2(233));
console.log(divideBy2(10));
console.log(divideBy2(1000));
```

이 알고리즘을 약간 수정하면 2진법 외의 진법으로도 변환할 수 있다. 10진수를 2로 나누는 대신, 제수를 인자로 받는 것이다. 다음 코드를 보자.

```
function baseConverter(decNumber, base){

    var remStack = new Stack(),
        rem,
        baseString = '',
        digits = '0123456789ABCDEF'; // {6}

    while (decNumber > 0){
        rem = Math.floor(decNumber % base);
        remStack.push(rem);
        decNumber = Math.floor(decNumber / base);
    }
```

```
    while (!remStack.isEmpty()){
        baseString += digits[remStack.pop()]; // {7}
    }

    return baseString;
}
```

바뀐 부분은 또 한 가지 있다. 10진수를 2진수로 바꿀 때는 나머지가 0 아니면 1이었다. 8진수로 바꾼다면 나머지는 0~7이 될 것이고, 16진수라면 숫자 0~9에 문자 A~F(10~15에 해당)까지 필요하다. 그래서 이런 값들을 바꾸는 로직이 추가돼야 한다({6}, {7}).

역시 문제가 없는지 테스트해보자.

```
console.log(baseConverter(100345, 2));
console.log(baseConverter(100345, 8));
console.log(baseConverter(100345, 16));
```

 이 책의 소스 코드에는 평형 괄호(balanced parentheses), 하노이의 탑(Hanoi tower) 등의 예제가 있으니 참고하자.

정리

3장에서는 스택 데이터 구조를 학습했다. 스택 알고리즘을 구현해봤고, push/pop 메소드로 원소를 추가/삭제하는 방법을 배웠다. 아주 잘 알려진 스택의 용례도 살펴봤다.

다음 장에서는 스택과 아주 유사하나 LIFO가 아닌 다른 원리를 적용하는 큐에 대해 알아본다.

4

큐

큐 queue 는 FIFO First In First Out (선입선출의 약자) 원리에 따라 정렬된 컬렉션이다. 새 원소는 뒤로 들어가서 앞에서 빠져나가는 구조다. 따라서 마지막에 추가된 원소는 큐의 뒷부분에서 제일 오래 기다려야 한다.

줄서기를 떠올리면 가장 쉽다.

구내 식당, 영화관, 할인 마트 등에서 줄을 서서 기다려보지 않은 사람은 없을 것이다. 줄의 맨 앞에 있는 사람이 가장 먼저 볼 일을 보는 건 당연지사다.

컴퓨터에서는 '출력물 인쇄 대기'에 큐를 응용한다. 인쇄할 문서 5개를 각각 프로그램에서 열고 인쇄 버튼을 누르면 프린터에 5개의 문서가 차례로 도착하는데, 프린터는 도착한 순서대로 문서를 인쇄하기 시작한다.

큐 만들기

큐 클래스를 작성해보자. 먼저 기본적인 틀부터 잡자.

```
function Queue() {
    // 프로퍼티와 메소드는 여기에 기술
}
```

3장 '스택'과 마찬가지로 원소가 저장될 내부 배열을 정의한다(곧 보겠지만, 큐와 스택은 원소를 추가/삭제하는 원리만 다를 뿐 나머지는 똑같다).

```
var items = [];
```

큐에서 사용할 메소드는 다음과 같다.

- enqueue(원소(들)): 큐의 뒤쪽에 원소(들)를 추가한다.
- dequeue(): 큐의 첫 번째 원소(큐의 맨 앞쪽에 위치한 원소)를 반환하고 큐에서 삭제한다.
- front(): 큐의 첫 번째 원소를 반환하되 큐 자체는 그대로 놔둔다(참조만 할 뿐 큐에서 원소를 삭제하지 않는다. 스택의 peek 메소드와 비슷하다).
- isEmpty(): 큐가 비어 있으면 true를, 그 외에는 false를 반환한다.
- size(): 큐의 원소 개수를 반환한다. 배열의 length와 같다.

enqueue는 큐에 원소를 추가하는 메소드로, 큐의 뒤쪽으로만 추가할 수 있다는 사실을 기억하자.

```
this.enqueue = function(element){
    items.push(element);
};
```

2장 '배열', 3장 '스택'에서 이미 설명했던 것처럼 큐의 원소 역시 배열에 담기 때문에 Array.push 메소드를 사용하면 된다.

dequeue는 큐에서 원소를 삭제하는 메소드로, 큐는 FIFO 구조이기 때문에 가장 처음에 추가된 원소부터 없어진다. 따라서 2장 '배열'에서 배웠던 Array.shift 메소드를 사용한다. 기억이 가물가물한 독자들을 위해 복습하자면, shift는 배열에서 인덱스가 0인 (첫 번째에 위치한) 원소를 삭제한다.

```
this.dequeue = function(){
    return items.shift();
};
```

enqueue와 dequeue, 두 메소드만 있으면 Queue 클래스에 FIFO 구조로 원소를 집어넣고 빼낼 수 있다.

그 밖의 메소드들도 구현해보자. 큐의 맨 앞에 있는 원소(인덱스가 0인 원소)가 무엇인지 알고 싶다면 front 메소드를 사용한다.

```
this.front = function(){
    return items[0];
};
```

isEmpty 메소드는 Stack과 마찬가지로 큐가 비었는지 여부를 확인한다.

```
this.isEmpty = function(){
    return items.length == 0;
};
```

내부 배열의 길이가 0인지만 확인하면 된다.

Array.length 같은 프로퍼티가 Queue 클래스에도 필요하다. Stack의 size 메소드와 같다.

```
this.size = function(){
    return items.length;
};
```

Stack처럼 디버깅 용도로 print 메소드를 추가하는 게 좋겠다.

```
this.print = function(){
   console.log(items.toString());
};
```

이제 다 됐다!

완성된 Queue 클래스

다음은 앞 절의 내용을 종합해서 작성한 Queue 클래스의 전체 코드다.

```
function Queue() {

   var items = [];

   this.enqueue = function(element){
      items.push(element);
   };

   this.dequeue = function(){
      return items.shift();
   };

   this.front = function(){
      return items[0];
   };

   this.isEmpty = function(){
      return items.length == 0;
   };

   this.clear = function(){
      items = [];
   };

   this.size = function(){
      return items.length;
   };
```

```
    this.print = function(){
        console.log(items.toString());
    };
}
```

 다시 말하지만, Queue와 Stack 클래스는 매우 유사하다. 적용하는 원리가 FIFO, LIFO로 다르기 때문에 dequeue와 front 메소드만 다르다.

Queue 클래스 사용

우선 Queue 클래스의 인스턴스를 생성하고 큐가 비어 있는지 확인해보자(아직 아무것도 추가하지 않았으니 당연히 결과는 true이다).

```
var queue = new Queue();
console.log(queue.isEmpty()); // 결과는 true
```

원소를 추가하자(여기서는 "John", "Jack"을 추가하는데, 원소의 타입은 어떤 것이라도 좋다).

```
queue.enqueue("John");
queue.enqueue("Jack");
```

하나 더 추가하자.

```
queue.enqueue("Camila");
```

그리고 다음 코드를 실행한다.

```
queue.print();
console.log(queue.size()); // 결과는 3
console.log(queue.isEmpty()); // 결과는 false
queue.dequeue();
queue.dequeue();
queue.print();
```

지금 이 큐에는 "John", "Jack", "Camila"가 들어 있다. 3개의 원소를 넣었으니 큐의 크기는 3이고, 당연히 비어 있지 않다.

지금까지 벌어진 일들과 최종 상태는 다음 그림을 참고하자.

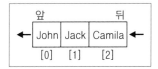

자, 이제 dequeue 메소드를 2회 실행해 원소 2개를 삭제하자. 다음 그림은 dequeue 메소드의 실행 과정이다.

다시 한 번 큐의 내용을 콘솔에 출력해보니 "Camila"밖에 없다. 처음 들어온 두 원소("John", "Jack")가 큐에서 빠져나갔으니 남은 원소는 가장 마지막에 진입한 원소("Camila")다. 이것이 바로 FIFO 구조다.

우선순위 큐

큐는 컴퓨터 과학뿐만 아니라 일상생활에서도 워낙 널리 활용되는 개념이라 앞 절의 기본 큐를 변형해 사용하기도 한다.

우선순위 큐priority queue가 그중 하나다. 원소가 우선순위에 따라 추가되고 삭제되는 점이 다르다. 비슷한 경우를 실생활에서 찾는다면 비행기 탑승을 떠올려보라. 1등석과 비즈니스석 승객은 항상 코치석 승객보다 우선순위가 높다. 어떤 국가에서는 연장자와 임산부(또는 신생아를 동반한 여성)에게 우선권을 주기도 한다.

병원 응급실도 그렇다. 중상 환자는 의사의 판단에 따라 찰과상을 입은 환자보다 먼저 진료실로 보낸다. 보통 간호사들이 환자의 부상 정도에 따라 시스템에 상이한 분류 코드를 입력한다.

우선순위 큐는 우선순위를 설정해 원소를 정확한 위치에 추가하는 것, 그리고 추가는 순서대로 하되 삭제만 우선순위에 따르는 것, 두 가지 방법으로 구현할 수 있다. 먼저 전자를 살펴보자.

```javascript
function PriorityQueue() {

   var items = [];

   function QueueElement (element, priority){ // {1}
      this.element = element;
      this.priority = priority;
   }

   this.enqueue = function(element, priority){
      var queueElement = new QueueElement(element, priority);

      if (this.isEmpty()){
         items.push(queueElement); // {2}
      } else {
         var added = false;
         for (var i=0; i<items.length; i++){
            if (queueElement.priority < items[i].priority){
               items.splice(i,0,queueElement); // {3}
               added = true;
               break; // {4}
            }
         }
         if (!added){ // {5}
            items.push(queueElement);
         }
      }
   };

   // 그 밖의 메소드는 기본 큐의 구현체와 동일하다.
}
```

{1}에 추가된 QueueElement는 PriorityQueue가 기본 Queue 클래스에서 달라진 부분으로, 큐 원소(어떤 타입이라도 상관없다)에 우선순위가 부가된, 새로운 형태의 원소다.

큐가 비어 있다면 그냥 원소를 넣는다({2}). 큐가 비어 있지 않다면 먼저 기존 원소들과 우선순위를 비교한다. 만약 새 원소보다 우선순위가 더 높은 기존 원소가 있다면, 한 칸 앞에 새 원소를 추가한다(동일한 우선순위를 가진 기존 원소들을 배려한다). 구현은 2장 '배열'에서 배운 Array.splice 메소드를 사용했다. 더 높은 우선순위의 원소가 있다면 새 원소를 삽입하고({3}) 큐의 루프문을 종료한다({4}). 이런 식으로 큐의 원소들을 우선순위에 따라 정렬하는 것이다.

만약 새 원소의 우선순위가 가장 낮다면 큐의 맨 뒤편에 추가하면 끝이다({5}).

```
var priorityQueue = new PriorityQueue();
priorityQueue.enqueue("John", 2);
priorityQueue.enqueue("Jack", 1);
priorityQueue.enqueue("Camila", 1);
priorityQueue.print();
```

코드를 실행해보고 다음 그림을 참고하면 PriorityQueue의 작동 원리를 알 수 있을 것이다.

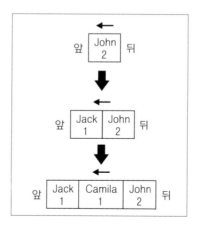

맨 처음 추가된 원소는 우선순위 2의 "John"이다. 큐는 처음엔 비어 있으니 아직까지 유일한 원소다. 그리고 우선순위 1의 "Jack"을 추가한다. "Jack"이 "John"보다 우선순위가 높으므로 큐의 맨 앞자리는 "Jack"의 차지다. 이제 우선순위 1의 "Camila"를 넣자. "Camila"는 "Jack"과 우선순위가 똑같으므로 "Jack" 바로 뒷자리에 선다(마치 "Jack"이 제일 처음 줄을 선 모양새가 되었다). "Camila"는 "John"보다 우선순위가 높으므로 "John"보다는 앞에 서게 되었다.

이러한 로직으로 구현한 유선순위 큐를 최소 우선순위 큐min priority queue라고 부르는데, 우선순위 값이 낮으면 낮을수록(1이 가장 높은 우선순위다) 앞자리로 이동하기 때문이다. 반대로 우선순위 값이 크면 클수록 앞자리로 보내는 최대 우선순위 큐max priority queue도 있다.

환형 큐(뜨거운 감자 게임)

또 다른 기본 큐의 변형인, **환형 큐**circular queue를 보자. '뜨거운 감자Hot Potato' 게임은 환형 큐의 대표적인 예다. 원을 그리고 서 있는 아이들이 뜨거운 감자를 옆 사람에게 최대한 빨리 전달하다가, 갑자기 모두 동작을 멈추고 그때 뜨거운 감자를 손에 들고 있는 아이를 벌칙으로 퇴장시키는 게임이다. 최후의 1인(승자)이 남을 때까지 게임은 계속된다.

이 재미있는 게임을 코드로 시뮬레이션해보자.

```
function hotPotato (nameList, num){

  var queue = new Queue(); // {1}

  for (var i=0; i<nameList.length; i++){
    queue.enqueue(nameList[i]); // {2}
  }

  var eliminated = '';
  while (queue.size() > 1){
```

```
    for (var i=0; i<num; i++){
        queue.enqueue(queue.dequeue()); // {3}
    }
    eliminated = queue.dequeue(); // {4}
    console.log(eliminated + '(을)를 뜨거운 감자 게임에서 퇴장시킵니다.');
    }

    return queue.dequeue(); // {5}
}

var names = ['John','Jack','Camila','Ingrid','Carl'];
var winner = hotPotato(names, 7);
console.log('승자는 ' + winner + '입니다.');
```

Queue 인스턴스를 생성하고({1}), 게임 참가자 전원의 이름을 배열로 읽어들여 큐에 추가한다. 일정 횟수(num)만큼 큐를 순회할 것이다. 맨 앞의 원소를 꺼내어 맨 끝에 다시 넣는다({3}). 뜨거운 감자 게임을 흉내 낸 것이다(옆 사람에게 뜨거운 감자를 전달하면 당장은 위기를 벗어난다). 마침내 지정된 횟수만큼 반복됐을 때 뜨거운 감자를 들고 있던 사람을 퇴장시킨다({4}, 큐에서 삭제된다). 그리고 마지막에 남은 한 사람이 승자가 된다({5}).

실행 결과는 다음과 같다.

```
Camila(을)를 뜨거운 감자 게임에서 퇴장시킵니다.
Jack(을)를 뜨거운 감자 게임에서 퇴장시킵니다.
Carl(을)를 뜨거운 감자 게임에서 퇴장시킵니다.
Ingrid(을)를 뜨거운 감자 게임에서 퇴장시킵니다.
승자는 John입니다.
```

실행 과정을 그림으로 나타내면 다음과 같다.

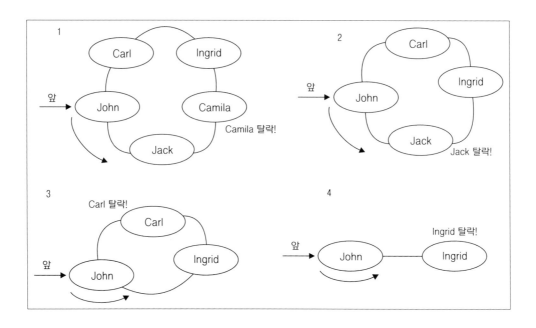

`hotPotato` 함수의 `num` 인자를 바꾸면 전혀 다른 시나리오가 펼쳐질 것이다.

정리

4장에서는 큐 자료 구조를 알아봤다. 큐를 나타내는 알고리즘을 구현했고, enqueue/dequeue 메소드로 큐에 원소를 추가/삭제하는 방법을 배웠다. 큐를 특별한 목적으로 변형한 우선순위 큐와 환형 큐(뜨거운 감자 게임 구현)에 대해서도 알아봤다.

다음 장에서는 배열보다는 좀 더 복잡한 자료 구조인 연결 리스트에 대해 살펴본다.

5

연결 리스트

2장 '배열'에서 다룬 배열(일종의 리스트다)은 일련의 데이터를 저장하기 위한 아주 간단한 자료 구조다. 5장에서는 연결 리스트의 구현과 사용 방법을 알아본다. 연결 리스트는 동적인 자료 구조라서 필요할 때마다 원소를 추가/삭제할 수 있고 크기가 계속 변한다.

배열(리스트)은 가장 많이 쓰는 자료 구조라고 할 수 있는데, 이 책의 첫 부분에서 언급했던 것처럼 프로그래밍 언어마다 배열을 구현하는 방식은 각기 다르다. 배열의 원소는 대괄호에 인덱스만 넣어주면 간단히 접근할 수 있어서 사용하기 편하지만, 크기가 고정되어 있고(대부분의 언어에서 그렇다) 배열의 처음이나 중간에서 원소를 넣고 빼려면 다른 원소들까지 옮겨야 하므로 비싼 연산을 수반한다는 단점이 있다(자바스크립트의 Array 클래스에 내장된 훌륭한 메소드들 이면에서 벌어지는 일이다).

연결 리스트는 일련의 원소를 배열처럼 차례대로 저장하지만, 원소들이 메모리상에 연속적으로 위치하지 않는다는 점이 다르다. 각 원소는 원소 자신과 다음 원소를 가리키는 참조 정보(포인터, 링크라고도 한다)가 포함된, 노드node로 구성된다. 다음 그림을 보면 이해가 빠를 것이다.

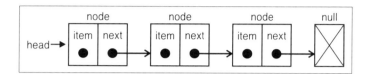

연결 리스트는 원소 추가/삭제 시 다른 원소들을 이동하지 않아도 된다는 점에서 배열보다 낫다. 연결 리스트의 포인터 덕분인데, 하지만 그 때문에 약간 주의해야 할 부분이 있다. 배열은 특정 원소에 인덱스로 바로 접근할 수 있는 반면, 연결 리스트에서는 원소를 찾을 때까지 처음(헤드head)부터 루프를 반복해야 한다.

연결 리스트는 '서로 손잡고 원을 그리며 춤추는 것'에 비유할 수 있다. 사람들 각자가 원소이고, 자신의 손이 옆 사람과 연결되는 포인터라 할 수 있다. 새로운 사람이 들어오려면 들어갈 위치에서 연결을 잠시 끊은 뒤 다시 옆 사람과 손을 잡으면 된다.

보물 찾기 게임도 그렇다. 단서가 적힌 쪽지는 다음 쪽지를 어디서 찾아야 할지 힌트를 준다. 이런 링크 덕분에 보물을 찾기까지 조금씩 가까이 다가갈 수 있다. 하지만 중간의 쪽지를 찾으려면 어쩔 수 없이 처음부터(첫 번째 쪽지부터) 거슬러 내려갈 수밖에 없다.

마지막으로, 기차 역시 연결 리스트다. 객차(화차)가 모두 서로 연결되어 있으므로 어떤 객차의 위치를 바꾸거나 추가/삭제하려면 연결을 잠시 끊어야 한다. 다음 그림을 보자. 객차는 원소, 객차 간 연결은 포인터, 머릿속에 그려지는가?

5장에서는 연결 리스트와 함께 이중 연결 리스트도 살펴볼 것이다. 일단 쉬운 것부터 시작하자!

연결 리스트 만들기

연결 리스트가 뭔지 감을 잡았으니 구현해보자. 다음은 LinkedList의 핵심 부분을 코딩한 것이다.

```
function LinkedList() {

    var Node = function(element){ // {1}
        this.element = element;
        this.next = null;
    };

    var length = 0; // {2}
    var head = null; // {3}

    this.append = function(element){};
    this.insert = function(position, element){};
    this.removeAt = function(position){};
    this.remove = function(element){};
    this.indexOf = function(element){};
    this.isEmpty = function() {};
    this.size = function() {};
    this.toString = function(){};
    this.print = function(){};
}
```

연결 리스트는 Node라는 헬퍼 클래스가 우선 필요하다(⟨1⟩). 연결 리스트에 추가되는 원소가 바로 Node이다. element가 바로 원소에 해당되며, next 프로퍼티는 다음 노드를 가리키는 포인터다.

⟨2⟩의 length는 LinkedList의 내부 프라이빗 프로퍼티로, 연결 리스트에 담긴 원소의 개수다.

눈여겨봐야 할 부분이 {3}의 head로, 연결이 시작되는 지점을 참조한다.

다음은 LinkedList 클래스에서 필요한 메소드다.

- append(원소): 리스트의 맨 끝에 원소를 추가한다.

- insert(위치, 원소): 해당 위치에 원소를 삽입한다.

- remove(원소): 원소를 삭제한다.

- indexOf(원소): 해당 원소의 인덱스를 반환한다. 존재하지 않을 경우 결과 값은 -1이다.

- removeAt(위치): 해당 위치에 있는 원소를 삭제한다.

- isEmpty(): 원소가 하나도 없다면 true를, 그 외엔 false를 반환한다.

- size(): 원소 개수를 반환한다. 배열의 length 프로퍼티와 비슷하다.

- toString(): 연결 리스트는 원소를 Node에 담아두기 때문에 원소의 값만을 출력하려면 자바스크립트 기본 객체로부터 상속한 toString 메소드를 재정의 override해야 한다.

리스트 끝에 원소 추가하기

LinkedList 끝에 원소를 추가할 때는 빈 연결 리스트인지 여부에 따라 두 가지 경우를 각각 고려해야 한다.

다음은 append 메소드를 구현한 것이다.

```
this.append = function(element){

    var node = new Node(element), // {1}
        current; // {2}

    if (head === null){ // 리스트가 비어 있다면 // {3}
        head = node;

    } else {
        current = head; // {4}
```

```
    // 마지막 원소를 발견할 때까지 계속 루프 순환한다.
    while(current.next){
        current = current.next;
    }

    // 마지막 원소를 링크할 수 있게 다음 노드에 할당한다.
    current.next = node; // {5}
    }

    length++; // 리스트의 크기를 업데이트한다. // {6}
};
```

우선, 인자 element로 Node를 생성한다({1}).

리스트가 처음부터 비어 있다면, LinkedList 객체가 처음 생성될 당시 head 값은
null일 것이다.

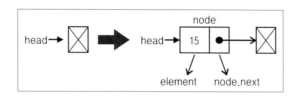

head가 null이면({3}, 리스트가 비어 있다면), 리스트에 첫 원소를 추가하고 head가
node를 가리키면 된다. 그럼 node.next는 자동으로 null이 될 것이다(코드를 잘 읽
어보기 바란다).

 연결 리스트에서 마지막 노드의 next는 항상 null이다.

이미 리스트에 원소가 들어 있는 경우라면?

끝에 새 원소를 추가하려면 먼저 리스트의 마지막 원소를 찾아야 한다. 유일한 단
서는 첫 번째 원소를 가리키고 있는 참조 변수이므로({4}), 마지막 원소를 찾을 때
까지 루프로 순회한다. 리스트의 현재 원소는 current에 담아두고({2}), current.

next가 null이 되는 지점에서 루프를 끝낸다. 이때 current가 바로 마지막 원소이므로 current.next를 새로 추가한 원소를 가리키게 하면 성공이다. 다음 그림을 참고하자.

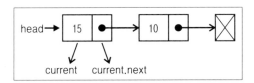

추가한 Node는 마지막 원소이므로 next는 당연히 null이다.

나중에 리스트 크기를 참조할 수 있으니 length 값을 하나 증가시키는 것을 잊지 말자({6}).

지금까지 작성한 코드를 테스트해보자.

```
var list = new LinkedList();
list.append(15);
list.append(10);
```

원소 삭제

삭제하려는 원소가 리스트의 첫 번째 원소인지 아닌지에 따라 두 가지 경우를 생각해야 한다. 그래서 remove 메소드를, 원소의 위치를 기준으로 삭제하는 메소드와 원소의 값을 기준으로 삭제하는 메소드(나중에 다시 살펴볼 것이다), 두 가지로 나누어 구현할 것이다.

그중 원소의 위치를 기준으로 삭제하는 removeAt 메소드를 보자.

```
this.removeAt = function(position){

    // 범위 외의 값인지 체크한다.
    if (position > -1 && position < length){ // {1}
       var current = head, // {2}
           previous, // {3}
           index = 0; // {4}
```

```
    // 첫 번째 원소 삭제
    if (position === 0){ // {5}
       head = current.next;
    } else {

       while (index++ < position){ // {6}

          previous = current;      // {7}
          current = current.next;  // {8}

       }

       // 현재의 다음과 이전 것을 연결한다: 삭제하기 위해 건너뛴다.
       previous.next = current.next; // {9}
    }

    length--; // {10}

    return current.element;

  } else {
    return null; // {11}
  }
};
```

조금 긴 코드이지만, 하나하나 뜯어보자. 삭제할 원소의 위치를 인자로 받는데, 우
선 이 값이 유효한지 따져봐야 한다({1}). 여기서 유효하다는 말은 0부터 리스트
크기(인덱스는 0에서 시작하므로 크기 - 1) 사이의 숫자여야 한다는 뜻이다. 유효하지
않다면 결과 값은 null을 반환한다(삭제된 원소가 하나도 없음을 알린다).

첫 번째 원소({5}, position === 0)를 삭제하는 경우를 다음 그림을 보면서 머릿속
에 그려보자.

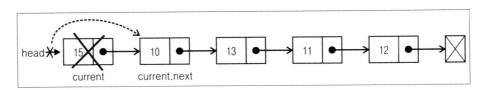

첫 번째 원소를 삭제하려면 우선 head가 그 다음 원소를 가리키도록 바꿔주어야 한다. 첫 번째 원소는 current 변수로 참조하므로({2}, 잠시 후 이 변수는 반복문에서 다시 사용한다) head를 current.next로 바꾸기만 하면 첫 번째 원소는 지워진다.

리스트의 마지막, 또는 중간에 위치한 원소를 삭제하는 경우를 보자. 리스트를 원하는 위치까지 루프를 돌려야 하는데({6}, 내부 제어 및 증가 용도로 index 변수를 사용한다), 루프문 내에서 current는 항상 리스트의 현재 원소를 가리키는 변수다({8}). 그리고 현재 원소의 바로 이전 원소는 previous로 가리킨다({7}).

그러므로 리스트에서 현재 원소를 삭제하려면 previous.next가 current.next를 가리키게 바꿔치기 하면 된다({9}). 이런 식으로 현재 원소는 메모리상에서 지워지고 차후 가비지 콜렉터가 수거해갈 것이다.

 자바스크립트 가비지 콜렉터에 대해 궁금한 독자는 https://developer.mozilla.org/en-US/docs/Web/JavaScript/Memory_Management를 참조하자.

아무래도 그림으로 보는 편이 이해가 더 빠를 것이다. 마지막 원소를 삭제할 경우를 먼저 보자.

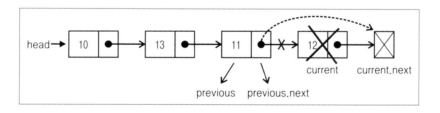

마지막 원소의 경우, {6}의 while 루프를 벗어나면 current 변수는 마지막 원소(삭제하려는 바로 그 원소)에 해당하고, current.next의 값은 null일 것이다(마지막 원소니까). 또한 previous가 가리키는 원소(마지막 이전 원소)에서 previous.next는 바로 current를 가리키고 있을 것이다. 따라서 previous.next를 current.next로 수정하면 current는 삭제되는 것이나 다름없다. 알겠는가?

중간에 있는 원소를 삭제할 때도 마찬가지다.

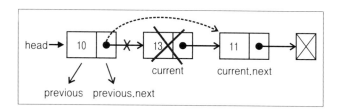

current 변수는 삭제할 원소, previous 변수는 삭제할 원소의 이전 원소다. 이때도 current 원소를 삭제하려면 previous.next와 current.next를 똑같이 맞춰주면 간단히 끝난다. 한 로직으로 두 경우 모두 해결된다.

임의의 위치에 원소 삽입하기

임의의 위치에 원소를 삽입하는 insert 메소드를 살펴보자.

```
this.insert = function(position, element){

    // 범위 외의 값인지 체크한다.
    if (position >= 0 && position <= length){ // {1}

        var node = new Node(element),
            current = head,
            previous,
            index = 0;

        if (position === 0){ // 첫 번째로 추가

            node.next = current; // {2}
            head = node;

        } else {
            while (index++ < position){ // {3}
                previous = current;
                current = current.next;
            }
            node.next = current; // {4}
```

```
        previous.next = node; // {5}
    }

    length++; // 리스트 크기를 업데이트한다.

    return true;

    } else {
      return false; // {6}
    }
};
```

항상 인덱스가 개입되면 범위 체크는 필수다(({1}, remove 메소드와 같다). 범위를 벗어났다면 false를 반환하여 리스트에 아무것도 추가되지 않았음을 분명히 한다(({6})).

여기서도 몇 가지 경우가 있다. 첫째, 다음 그림과 같이 리스트의 맨 앞에 원소를 추가하는 경우다.

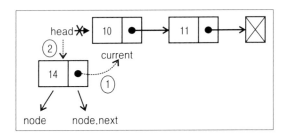

current는 리스트의 첫 번째 원소를 가리키는 변수이므로 head는 current이다. node.next를 current(리스트의 첫 번째 원소)로 바꾸고 head를 node로 세팅하면 (({2})), 리스트의 첫 번째 위치에 원소가 삽입된다.

둘째, 원소를 리스트의 중간, 또는 맨 끝에 추가하는 경우다. 원하는 위치까지 루프를 반복한다(({3})). 루프를 벗어날 때 current는 삽입할 위치 바로 다음의 원소, previous는 그 이전의 원소를 각각 가리킬 것이다. 이때 삽입할 원소(node)와 current 원소를 연결하고(({4})), previous와 current 사이의 연결을 바꿔준다. 즉 previous.next가 node를 바라보게 한다(({5})).

다음은 원소를 마지막 위치에 삽입하는 과정이다.

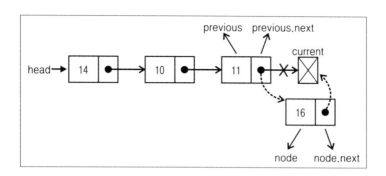

루프가 끝난 후 previous는 리스트의 마지막 원소를 가리키고, current는 null이
될 것이다. node.next는 current를, previous.next는 node를 바라보게 하면 된다.

똑같은 로직이지만 리스트 중간에 삽입한다면?

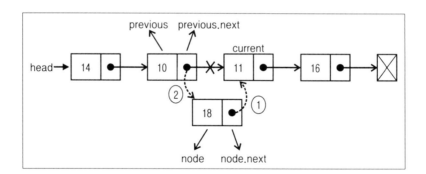

node를 previous와 current 원소 사이에 삽입하고 싶다. node.next를 current로,
previous.next는 node로 바꿔주면 작업 끝!

 노드 간 연결이 끊어지지 않게 지역 변수들을 잘 활용해 노드를 참조하는 것이 중요하다.
변수(previous)가 하나만 있어도 구현에 문제는 없지만, 노드 간 연결을 조정하기가 훨씬
까다롭다. 따라서 참조 변수를 하나 더 선언하는 편이 좋다.

그 밖의 메소드 구현

LinkedList의 나머지 메소드, 즉 toString, indexOf, isEmpty, size에 대해 알아본다.

toString 메소드

LinkedList 객체를 문자열로 변환한다.

```
this.toString = function(){

    var current = head,   // {1}
        string = '';       // {2}

    while (current) {      // {3}
        string += current.element; // {4}
        current = current.next;    // {5}
    }
    return string;                 // {6}
};
```

리스트의 모든 원소를 순회하기 위해 head를 시작점으로, current 변수를 인덱스 삼아({1}) 루프문을 실행한다. 그 전에 결과를 담아둘 변수를 초기화한다({2}).

원소별로 순회할 때({3}) current 변수로 원소의 존재 여부를 체크한다(리스트가 비었거나 마지막 원소의 다음(null)이면 while 루프는 바로 빠져나온다). 그 다음, 원소 값을 추출해 string에 이어붙이고({4}), 다음 원소를 순회한다({5}).

순회를 마치고 결과를 반환한다({6}).

indexOf 메소드

원소 값을 인자로 받아 리스트에서 해당 원소의 인덱스를 반환한다. 없는 원소라면 -1을 반환한다.

다음과 같이 구현한다.

```
this.indexOf = function(element){

    var current = head,   // {1}
        index = -1;

    while (current) {      // {2}
        if (element === current.element) {
            return index;          // {3}
        }
        index++;                   // {4}
        current = current.next;    // {5}
    }

    return -1;
};
```

이전과 마찬가지로 리스트 순회 전, current를 head({1}, 리스트의 첫 번째 원소(인덱스를 바꿀 index도 필요하다))로 초기화한다. 원소를 차례로 순회하면서({2}), 인자로 받은 원소 값과 일치하는지 본다. 일치하면 위치를 반환하고({3}), 다르면 index를 하나씩 증가시키고 다음 노드를 뒤진다({5}).

리스트가 비어 있거나 리스트 끝까지 도달하면(current = current.next는 null) 루프는 끝난다. 발견된 원소가 없으면 결과 값은 -1이다.

이 메소드를 이용하면 remove 메소드를 다음과 같이 구현할 수 있다.

```
this.remove = function(element){
    var index = this.indexOf(element);
    return this.removeAt(index);
};
```

이미 앞에서 특정 위치의 원소를 삭제하는 메소드(removeAt)를 구현했었다. 이제 indexOf 메소드가 만들어졌으니 원소의 값을 넘기면 인덱스를 찾을 수 있고, 이렇게 찾은 인덱스를 다시 removeAt 메소드에 넘겨주면 해당 원소를 삭제할 수 있다. 혹여 나중에 removeAt 코드를 변경할 일이 생겨도 removeAt만 수정하면 두 메소드가 동시에 고쳐진다(코드 재사용의 미학이란 바로 이런 것이다). 군이 remove 메소드를 쪼개어 따로 구현할 필요 없이 하나로 가는 것이다! 범위 체크는 removeAt이 담당할 것이다.

isEmpty, size, getHead 메소드

isEmpty와 size 메소드는 이전 장과 같다.

```
this.isEmpty = function() {
    return length === 0;
};
```

isEmpty는 리스트에 원소가 하나라도 있으면 true를, 아니면 false를 반환한다.

```
this.size = function() {
    return length;
};
```

size 메소드는 리스트의 크기(length)를 반환한다. 앞 장에서 구현한 클래스와 차이가 있다면, LinkedList는 이 책에서 작성한 클래스이므로 length는 내부에서만 쓰는 변수라는 점이다.

마지막으로, getHead 메소드를 보자.

```
this.getHead = function(){
    return head;
};
```

head는 LinkedList의 프라이빗 변수이지만(즉 LinkedList 객체에서만 접근/변경이 가능), 인스턴스 밖에서도 리스트를 반복시킬 때 첫 번째 원소를 참조할 필요는 있다.

이중 연결 리스트

연결 리스트의 변형된 형태인 **이중 연결 리스트**doubly linked list에 대해 알아보자. 연결 리스트는 다음 노드의 연결 정보만 갖고 있었지만, 이중 연결 리스트는 다음 노드와 이전 노드, 2개의 연결 정보를 이중으로 갖고 있다는 점이 다르다. 즉 구조가 다음 그림과 같다.

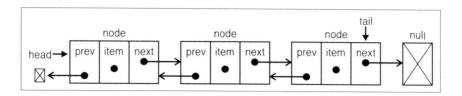

DoublyLinkedList 클래스를 구현할 때 바꿔줘야 할 부분부터 살펴보자.

```
function DoublyLinkedList() {

    var Node = function(element){

        this.element = element;
        this.next = null;
        this.prev = null; // NEW
    };

    var length = 0;
    var head = null;
    var tail = null; // NEW

    // 메소드는 여기에 기술
}
```

코드를 보면 알겠지만, LinkedList 클래스와 상이한 부분은 NEW라고 별도 주석을 달아놓았다. Node에 prev라는 프로퍼티(새로운 포인터)가 추가됐고, DoublyLinkedList에도 리스트의 마지막 원소를 가리키는 tail 프로퍼티가 부가됐다.

이중 연결 리스트에서는 처음에서 끝, 끝에서 처음, 양방향으로 리스트 순회가 가능하다. 어떤 노드의 이전, 이후 노드를 찾아갈 수 있기 때문이다. 한 방향으로만 링크된 연결 리스트는 순회 시 원소를 찾지 못하면 다시 맨 처음으로 돌아가야 했었다. 바로 이런 점에서 이중 연결 리스트의 강점이 부각된다.

임의의 위치에 원소 삽입

연결 리스트와 방법은 비슷하다. 차이점은 이중 연결 리스트는 next와 prev, 링크가 2개라는 사실이다.

알고리즘을 구현하면 다음과 같다.

```
this.insert = function(position, element){

    // 범위 외의 값인지 체크한다.
    if (position >= 0 && position <= length){

        var node = new Node(element),
            current = head,
            previous,
            index = 0;

        if (position === 0){ // 첫 번째 위치에 추가

            if (!head){                 // NEW {1}
                head = node;
                tail = node;
            } else {
                node.next = current;
                current.prev = node;  // NEW {2}
                head = node;
            }
        } else if (position === length) { // 마지막 원소 // NEW

            current = tail; // {3}
            current.next = node;
            node.prev = current;
            tail = node;

        } else {
            while (index++ < position){ // {4}
                previous = current;
                current = current.next;
            }
            node.next = current; // {5}
            previous.next = node;
```

```
        current.prev = node; // NEW
        node.prev = previous; // NEW
      }

      length++; // 리스트의 크기를 업데이트한다.

      return true;

    } else {
      return false;
    }
};
```

리스트의 첫 번째 위치(시작부)에 삽입하는 경우부터 보자. 리스트가 비어 있으면
({1}), head와 tail이 삽입할 노드를 가리키게 하면 되고, 그 외에는 current에 첫
번째 원소를 담는다. 연결 리스트와 마찬가지로 node.next를 current로, head를
node로 바꿔주면 node는 첫 번째 원소가 된다. 이전 원소에 대한 포인터 세팅 작
업이 추가됐다는 점만 다르다. current.prev는 이제 null이 아닌, node를 가리키
고({2}), node.prev는 처음부터 null이었으니 그냥 놔두면 된다.

그림으로 표현하면 다음과 같다.

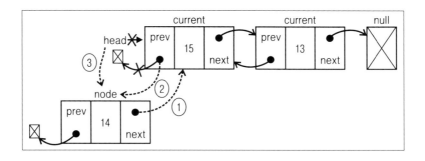

다음은, 맨 끝에 새 원소를 추가하는 경우다. 마지막 원소를 가리키는 tail 변수
가 있음을 상기해 current에 마지막 원소(tail)를 담아두고({3}) node.prev를
current로 세팅한다. current.next(null을 가리키고 있었던)는 이제 node(생성 당시
node.next는 null이다)가 된다. 그리고 tail 자리는 이제 current가 아닌 node 차
지다. 다음 그림을 보면서 이해하자.

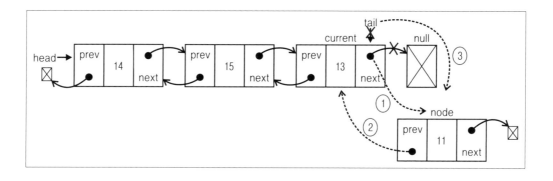

자, 이제 가장 복잡한, 임의의 위치에 삽입하는 경우만 남았다. 앞서 했던 것처럼 원하는 위치에 도달할 때까지 루프를 반복한 뒤(⟨4⟩), current와 previous 원소 사이에 node를 끼워 넣을 것이다. 먼저 node.next를 current(⟨5⟩)로, previous. next를 node로 바꾸어 링크가 끊어지지 않게 조심하고, 다음은 current.prev를 node로, node.prev를 previous로 링크를 수정한다. 다음 그림을 보면 이해가 빠를 것이다.

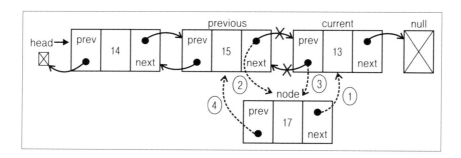

 이렇게 구현한 insert, remove 메소드는 개선의 여지가 있다. 반환 결과가 false일 때, 리스트의 맨 끝에 원소를 추가하는 것이다. 또, 실행 속도를 더 빠르게 할 수 있다. 가령, position이 length/2보다 클 때엔 뒤부터 거꾸로 루프를 돌리면 순회할 원소 개수가 감소하므로 성능이 향상된다.

원소 삭제

원소 삭제도 연결 리스트와 방법은 유사하다. 이전 원소를 가리키는 포인터가 하나 더 있다는 점만 기억하면 된다. 일단 코드를 작성해보자.

```
this.removeAt = function(position){

    // 범위 외의 값인지 체크한다.
    if (position > -1 && position < length){

        var current = head,
            previous,
            index = 0;

        // 첫 번째 원소를 삭제한다.
        if (position === 0){

            head = current.next; // {1}

            // 원소가 하나뿐이라면 tail을 업데이트한다. // NEW
            if (length === 1){ // {2}
                tail = null;
            } else {
                head.prev = null; // {3}
            }

        } else if (position === length-1){ // 마지막 원소 // NEW

            current = tail; // {4}
            tail = current.prev;
            tail.next = null;

        } else {

            while (index++ < position){ // {5}

                previous = current;
                current = current.next;
            }

            // 이전 것을 현재의 다음으로 링크한다 (건너뛴다).
            previous.next = current.next; // {6}
```

```
            current.next.prev = previous; // NEW
        }

        length--;

        return current.element;

    } else {
        return null;
    }
};
```

삽입과 마찬가지로 다음과 같은 세 가지 경우를 감안해야 한다. 첫 번째 원소의 삭제, 중간 원소의 삭제, 마지막 원소의 삭제.

먼저 첫 번째 원소를 삭제하는 경우다. `current`는 첫 번째 원소이고 이 원소를 삭제할 것이다. 따라서 `current`가 아닌, 다음 원소(`{1}`, `current.next`)로 `head`를 바꾼다. 물론 이전의 `current.next` 역시 바꾸어야 한다(첫 번째 원소의 `prev`는 `null`이므로). 그래서 `head.prev`를 `null`로 바꾼다(`{3}`, `head`는 새로운 첫 번째 원소를 가리키고, `current.next.prev`와 같다). 이렇게 삭제한 원소가 이 리스트의 하나뿐인 원소라면 `tail`은 `null`이 될 것이다(`{2}`).

다음 그림을 참고하자.

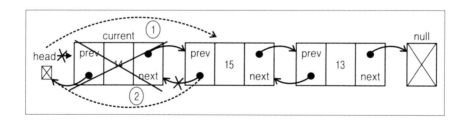

두 번째 경우는 마지막 원소의 삭제다. 마지막 원소는 `tail`이 가리키고 있으므로 루프 따원 필요 없다. 그래서 `current`를 `tail`로 바꾸고(`{4}`), `tail`은 끝에서 두 번째 원소(`current.prev` 또는 `tail.prev`)로 업데이트한다. `tail`은 끝에서 두 번째 원소이므로 `tail.next`는 `null`로 수정하면 된다. 다음 그림을 보면서 이해해보자.

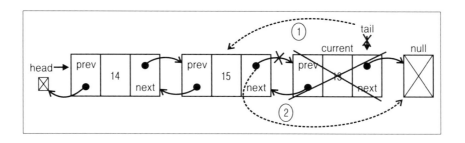

특정 위치의 원소를 삭제하는 경우만 남았다. 원하는 위치를 얻기 위해 루프를 통해(⟨5⟩), 삭제할 원소를 current로 받는다. 그리고 다음 그림과 같이 previous. next는 current.next로, current.next.prev는 previous로 각각 바꿔주면 원소의 앞뒤 연결이 끊어진다.

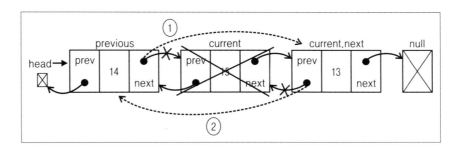

 이중 연결 리스트의 기타 메소드는 부록의 예제 코드를 직접 분석하기 바란다. 다운로드 URL은 이 책 앞부분의 '들어가며'에 있다.

환형 연결 리스트

환형 연결 리스트circular linked list는 단방향(연결 리스트) 또는 양방향(이중 연결 리스트) 참조 정보를 갖는다. 독특한 점은, 다음 그림과 같이 마지막 원소의 next가 null이 아닌, 첫 번째 원소(head)를 가리킨다는 사실이다.

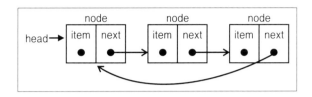

이중 환형 연결 리스트doubly circular linked list는 `tail.next`가 `head`를, `head.prev`가 `tail`을 상호 참조하는 구조로 되어 있다.

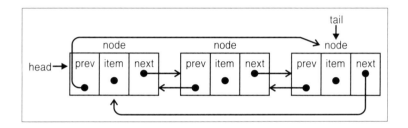

 지면상 CircularLinkedList 클래스는 생략한다(LinkedList나 DoublyLinkedList와 비슷하다). 관심 있는 독자는 부록으로 제공하는 예제 코드를 확인하자.

정리

5장에서는 연결 리스트 자료 구조와 이를 변형한 이중 연결 리스트, 환형 연결 리스트에 대해 알아봤다. 연결 리스트 원소의 추가/삭제, 그리고 루프를 실행하는 로직, 그리고 배열과 달리 다른 원소를 이동하지 않고도 원소를 쉽게 추가/삭제할 수 있다는 연결 리스트만의 강점을 살펴봤다. 따라서 많은 원소를 추가/삭제해야 할 경우, 배열보다는 연결 리스트가 더 어울리는 자료 구조라고 할 수 있다.

다음 장의 주제는 이 책에서 다루는 마지막 순차 자료 구조인 집합이다.

6
집합

5장까지 순차sequential 자료 구조인 배열, 스택, 큐, 연결 리스트(변형 포함)를 학습했다. 6장의 주제는 집합 자료 구조다.

집합set은 정렬되지 않은unordered 컬렉션으로 원소는 반복되지 않는다(중복된 원소가 없다). 집합 자료 구조는 수학책에 나오는 유한 집합finite set의 개념을 컴퓨터 과학에 적용한 것이다.

먼저 수학 시간에 배웠던 집합 개념을 짚고 넘어가자. 집합은 유일하게 구분되는 원소의 모임이다.

예를 들어, 자연수의 집합은 1보다 같거나 큰 정수로 구성된다(N = {1, 2, 3, 4, 5, 6, ...}). 집합에서 원소는 중괄호 { }로 둘러싼다.

널 집합이란 개념도 있다. 원소가 하나도 없는 집합을 **널 집합**null set 또는 **공집합** empty set이라고 한다. 가령, 24와 29 사이의 소수prime number(1과 자기 자신만으로 나누어 떨어지는 1보다 큰 자연수)의 집합은 널 집합이다(24~29 중에는 소수가 없으니까). 널 집합은 { }로 표시한다.

집합은 정렬 개념이 없는, 원소가 중복되지 않는 배열이라고 볼 수 있다.

집합은 합집합union, 교집합intersection, 차집합difference 같은 수학적 연산도 가능한데, 이 장 뒷부분에서 다시 논의한다.

집합 만들기

자바스크립트의 현재 모습은 2011년에 발표된 **ECMAScript 5.1**(대부분의 현대 브라우저에서 지원) 명세를 기반으로 한다. 여기에는 앞 장에서 살펴본 Array 클래스의 구현에 관한 내용이 기술되어 있다. ECMAScript 6는 Set 클래스의 구현 명세까지 포함되어 있다.

 ECMAScript 6 Set 클래스는 https://developer.mozilla.org/en-US/docs/Web/JavaScript/Reference/Global_Objects/Set(또는 간단히 http://goo.gl/2li2a5)를 참고하자.

이제부터 살펴볼 Set 클래스는 ECMAScript 6 명세에 근거한 것임을 밝혀둔다.

자, 이제 Set 클래스의 뼈대부터 구현해보자.

```
function Set() {
   var items = {};
}
```

'배열이 아닌, 객체로 집합(원소)을 표현한다'는 사실이 중요하다. 물론, 배열로 구현해도 안 될 건 없지만, 이전과 다른 방법으로, 유사한 자료 구조를 구현하는 새로운 방법도 익힐 겸 객체를 쓸 것이다. 그리고 자바스크립트의 객체는 동일한 키로 여러 프로퍼티를 가질 수는 없으므로 집합에서 원소가 중복되지 않는 특성이 그대로 보장된다.

다음은 Set 클래스에서 구현할 메소드들이다(ECMAScript 6 Set 클래스를 모방한 것이다).

- add(원소): 원소를 추가한다.

- remove(원소): 원소를 삭제한다.

- has(원소): 어떤 원소가 집합에 포함되어 있는지 여부를 true/false로 반환한다.

- clear(): 모든 원소를 삭제한다.

- size(): 원소 개수를 반환한다. 배열의 length 프로퍼티와 비슷하다.

- values(): 집합의 모든 원소를 배열 형태로 반환한다.

has(원소) 메소드

다른 메소드(add, remove)에서 필요하므로 has(원소) 메소드를 먼저 구현해보자.

```
this.has = function(value){
    return value in items;
};
```

집합의 모든 원소는 객체에 담겨 있으므로 자바스크립트 in 연산자로 해당 원소가 items 프로퍼티 중의 하나인지 확인한다.

이보다 더 좋은 방법도 있다.

```
this.has = function(value){
    return items.hasOwnProperty(value);
};
```

자바스크립트 객체는 hasOwnProperty 메소드를 상속한다는 사실을 응용한 것이다. 객체가 어떤 프로퍼티를 갖고 있는지 여부를 조사한다.

add 메소드

다음은 새 원소를 추가하는 add 메소드다.

```
this.add = function(value){
    if (!this.has(value)){
        items[value] = value; // {1}
```

```
        return true;
    }
    return false;
};
```

value가 이미 집합에 포함되어 있는지 먼저 확인해야 한다. 없는 원소라면 value를 넣고(⟨1⟩) true를, 이미 있는 원소라면 false를 각각 반환해 추가 성공 여부를 표시한다.

 키와 값을 동일하게 저장하는 이유는 나중에 값을 찾을 때 편하기 때문이다.

remove와 clear 메소드

다음은 remove 메소드다.

```
this.remove = function(value){
    if (this.has(value)){
        delete items[value]; // {2}
        return true;
    }
    return false;
};
```

삭제할 원소가 집합에 존재하는지 먼저 확인하고, 있는 원소라면 원소를 삭제하고 (⟨2⟩) true를 반환한다. 그 외의 경우는 false이다.

집합의 원소는 모두 items 객체에 있으므로, 삭제 시 간단히 delete 연산자로 items에서 해당 프로퍼티를 지운다(⟨2⟩).

지금까지 작성한 Set 클래스를 테스트해보자.

```
var set = new Set();
set.add(1);
set.add(2);
```

items를 콘솔에 출력해보면 크롬에서 다음과 같이 표시될 것이다.

```
Object {1: 1, 2: 2}
```

보다시피 2개의 프로퍼티를 가진 객체다. 예상대로 키-값이 모두 동일한 객체임을 알 수 있다.

집합의 모든 원소를 날리고 싶을 때는 `clear` 메소드를 쓰자.

```
this.clear = function(){
    items = {}; // {3}
};
```

`items`에 빈 객체를 할당해 다시 초기화한다({3}). 루프로 원소를 순회하면서 `remove` 메소드로 하나씩 지워도 되지만, 빠른 길을 놔두고 굳이 멀리 돌아갈 이유는 없다.

size 메소드

다음 타자는 `size` 메소드로(집합의 원소 개수를 반환), 구현하는 방법은 세 가지가 있다.

첫째, 앞 장의 `LinkedList`처럼, `length` 변수로 `add`, `remove` 메소드를 호출할 때마다 값을 바꿔준다.

둘째, 자바스크립트(ECMAScript 5 이상) `Object` 클래스에 이미 내장된 함수를 이용한다.

```
this.size = function(){
    return Object.keys(items).length; // {4}
};
```

`Object`에는 `keys`라는 메소드가 있는데, 객체의 모든 프로퍼티를 배열로 변환한다. 따라서 이 배열의 `length`로({4}) 원소 개수를 파악할 수 있다. 이 코드는 비교적 최신 브라우저에서만 제대로 작동한다(IE 9 이상, 파이어폭스 4 이상, 크롬 5 이상, 오페라 12 이상, 사파리 5 이상 등).

셋째, 다음 코드처럼 items의 프로퍼티가 모두 몇 개인지 세어본다. 이 방법은 거의 모든 브라우저에서 문제없이 사용할 수 있다.

```
this.sizeLegacy = function(){
    var count = 0;
    for(var prop in items) { // {5}
        if(items.hasOwnProperty(prop)) // {6}
            ++count; // {7}
    }
    return count;
};
```

items 객체의 프로퍼티를 루프로 순회하면서({5}) 유효한지 체크한다({6}, 두 번 이상 세지 않도록). 유효한 프로퍼티라면 count 변수 값을 증가시키고 마지막 줄에서 반환한다.

 for-in 반복문을 사용하면 items 프로퍼티를 순회하면서 count 변수를 증가시킬 수 없다. 그리고 items에 프로퍼티가 있는지 has 메소드로 체크해야 할지도 모른다. 왜냐하면 객체 프로토타입은 객체의 또 다른 프로퍼티를 담고 있기 때문이다(프로퍼티는 자바스크립트의 Object 클래스에서 상속되지만, 이 자료 구조에서는 쓰지 않는, 객체의 프로퍼티까지 함께 들어 있다).

values 메소드

같은 방법으로 items의 모든 프로퍼티를 추출해 배열 형태로 반환한다.

```
this.values = function(){
    return Object.keys(items);
};
```

이런 코드는 비교적 최신 브라우저에서만 작동한다. 요즘 버전의 크롬이나 파이어 폭스에서는 문제없이 작동할 것이다.

오래된 브라우저에서도 작동하게 바꾸려면 다음과 같이 한다.

```
this.valuesLegacy = function(){
    var keys = [];
    for(var key in items){ // {7}
        keys.push(key); // {8}
    }
    return keys;
};
```

각 프로퍼티를 순회하면서({7}) 하나씩 배열에 담아({8}) 반환한다.

Set 클래스 사용

이제 Set 클래스 구현을 완료했으니 테스트를 해보면서 사용법을 익히자.

```
var set = new Set();

set.add(1);
console.log(set.values()); // 결과는 ["1"]
console.log(set.has(1));   // 결과는 true
console.log(set.size());   // 결과는 1

set.add(2);
console.log(set.values()); // 결과는 ["1", "2"]
console.log(set.has(2));   // 결과는 true
console.log(set.size());   // 결과는 2

set.remove(1);
console.log(set.values()); // 결과는 ["2"]

set.remove(2);
console.log(set.values()); // 결과는 []
```

이 Set 클래스는 ECMAScript 6와 유사한 방법으로 구현했다는 점을 다시 한 번 밝힌다. 시간이 나는 독자들은 이전 장에서 배열, 스택, 큐를 구현할 때처럼 객체 대신 배열을 사용해 집합을 구현해보고, 어떤 차이점이 있는지 비교해보기 바란다.

집합 연산

집합에서 사용 가능한 연산은 네 가지가 있다.

- **합집합**: 두 집합 중 어느 한쪽이라도 포함된 원소로 구성된 집합을 구한다.
- **교집합**: 두 집합 모두 포함되어 있는 원소로 구성된 집합을 구한다.
- **차집합**: 첫 번째 집합에는 있지만 두 번째 집합에는 없는 원소로 구성된 집합을 구한다.
- **부분집합**: 어떤 집합이 다른 집합의 일부인지 확인한다.

합집합

집합 A, B의 **합집합**union은 수학 기호로 A∪B와 같이 표시하며, 다음 식으로 정의한다.

$$A \cup B = \{x \mid x \in A \lor x \in B\}$$

다음 그림과 같이 A, B 어느 한쪽에 속하는 원소 x의 집합이다.

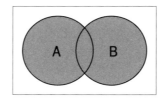

Set 클래스에 union 메소드를 다음과 같이 구현하자.

```
this.union = function(otherSet){
    var unionSet = new Set(); // {1}

    var values = this.values(); // {2}
    for (var i=0; i<values.length; i++){
        unionSet.add(values[i]);
    }
```

```
    values = otherSet.values(); // {3}
    for (var i=0; i<values.length; i++){
        unionSet.add(values[i]);
    }

    return unionSet;
};
```

먼저, 합집합 unionSet을 생성한다({1}). 첫 번째 집합(현재 인스턴스)의 values 메소드로 모든 원소를 추출한 뒤, 루프로 반복하면서 unionSet에 추가한다({2}). 같은 로직을 두 번째 집합({3})에도 적용한 후, unionSet을 반환한다.

문제가 없는지 테스트해보자.

```
var setA = new Set();
setA.add(1);
setA.add(2);
setA.add(3);

var setB = new Set();
setB.add(3);
setB.add(4);
setB.add(5);
setB.add(6);

var unionAB = setA.union(setB);
console.log(unionAB.values());
```

실행 결과는 ["1", "2", "3", "4", "5", "6"]이다. 3은 A, B 두 집합에 모두 포함되어 있지만, unionAB에는 한 번만 들어 있다.

교집합

집합 A, B의 **교집합**intersection은 수학 기호로 A∩B와 같이 표시하며, 다음 식으로 정의된다.

$$A \cap B = \{x \mid x \in A \land x \in B\}$$

다음 그림과 같이 A에도 속하고 B에도 속하는 원소 x의 집합이다.

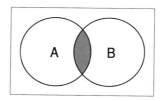

Set 클래스에 intersection 메소드를 다음과 같이 구현하자.

```
this.intersection = function(otherSet){
    var intersectionSet = new Set(); // {1}

    var values = this.values();
    for (var i=0; i<values.length; i++){   // {2}
        if (otherSet.has(values[i])){      // {3}
            intersectionSet.add(values[i]); // {4}
        }
    }

    return intersectionSet;
}
```

intersection 메소드는 현재 인스턴스(this)와 인자로 전달된 인스턴스(otherSet) 양쪽 모두 존재하는 원소를 찾아 담아야 한다. 먼저, 교집합 intersectionSet을 생성한다({1}). 현재 인스턴스의 values 메소드로 모든 원소를 루프로 순회하면서({2}) 각 원소가 otherSet에도 존재하는지 조사한다({3}). 원소의 존재 여부는 앞에서 배운 has 메소드를 이용하면 된다. 이런 식으로 두 집합에 모두 존재하는 원소를 찾아 intersectionSet에 하나씩 담아({4}) 마지막에 반환한다.

다 됐으면 테스트를 해보자.

```
var setA = new Set();
setA.add(1);
setA.add(2);
setA.add(3);
```

```
var setB = new Set();
setB.add(2);
setB.add(3);
setB.add(4);

var intersectionAB = setA.intersection(setB);
console.log(intersectionAB.values());
```

실행 결과는 ["2", "3"]이고, 이들은 A, B 모두에 포함되어 있다.

차집합

집합 A, B에서 **차집합**difference은 수학 기호로 A-B와 같이 표시하며, 다음 식으로 정의된다.

$$A\text{-}B = \{x \mid x \in A \land x \notin B\}$$

다음 그림과 같이 A에는 속하지만 B에는 속하지 않는 원소 x의 집합이다.

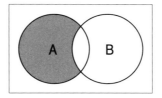

Set 클래스에 difference 메소드를 다음과 같이 구현하자.

```
this.difference = function(otherSet){
   var differenceSet = new Set(); // {1}

   var values = this.values();
   for (var i=0; i<values.length; i++){ // {2}
      if (!otherSet.has(values[i])){    // {3}
         differenceSet.add(values[i]);  // {4}
      }
   }

   return differenceSet;
};
```

intersection 메소드는 두 집합 모두 포함된 원소를 values 메소드로 추출한 반면, 이번에는 같은 방법으로 A에만 있고 B에는 없는 원소를 가려낼 것이다. 따라서 {3}만 다를 뿐 나머지 코드는 교집합과 똑같다. 이렇게 otherSet에는 B에는 존재하지 않는 원소들만 뽑아낸다. {1}, {2}, {4}는 완전히 동일한 코드다.

이제 테스트해보자.

```
var setA = new Set();
setA.add(1);
setA.add(2);
setA.add(3);

var setB = new Set();
setB.add(2);
setB.add(3);
setB.add(4);

var differenceAB = setA.difference(setB);
console.log(differenceAB.values());
```

setA에만 존재하는 원소는 1뿐이므로 실행 결과는 ["1"]이다.

부분집합

집합 A가 집합 B의 **부분집합**subset임을 수학 기호로는 A⊆B와 같이 표시하며, 다음 식으로 정의된다.

$$\forall x \{x \in A \Rightarrow x \in B\}$$

다음 그림과 같이 A의 모든 원소는 반드시 B에 존재해야 함을 의미한다.

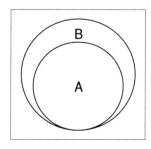

Set 클래스의 부분집합 메소드 subset은 다음과 같이 구현한다.

```javascript
this.subset = function(otherSet){

    if (this.size() > otherSet.size()){ // {1}
        return false;
    } else {
        var values = this.values();
        for (var i=0; i<values.length; i++){ // {2}
            if (!otherSet.has(values[i])){    // {3}
                return false; // {4}
            }
        }
        return true; // {5}
    }
};
```

가장 먼저 현재 인스턴스(this)의 크기를 확인할 필요가 있다. this가 otherSet보다 원소가 더 많다면 이미 부분집합 조건이 맞지 않는다({3}). 부분집합은 비교 대상 집합보다 원소의 개수가 같거나 적어야 하기 때문이다.

여기까지 문제가 없다면 원소를 순회하면서({2}) 각 원소가 otherSet에도 존재하는지 확인한다({3}). 하나라도 otherSet에 존재하지 않으면 부분집합이 아니므로 바로 false를 반환한다({4}). 루프를 정상 종료했다면 this의 모든 원소가 otherSet에도 있다는 뜻이므로 true를 반환한다({5}).

한번 테스트해보자.

```javascript
var setA = new Set();
setA.add(1);
setA.add(2);

var setB = new Set();
setB.add(1);
setB.add(2);
setB.add(3);

var setC = new Set();
setC.add(2);
```

```
setC.add(3);
setC.add(4);

console.log(setA.subset(setB));
console.log(setA.subset(setC));
```

3개의 집합, setA, setB, setC가 있다. setA는 setB의 부분집합이지만(결과는 true), setA는 setC의 부분집합이 아니므로(setC에는 setA의 1은 없다) 결과는 false 이다.

정리

6장에서는 ECMAScript 6 명세에 정의된 Set 클래스와 비슷한 코드를 작성해봤다. 여타 프로그래밍 언어에서는 자주 쓰이지 않는, 합집합, 교집합, 차집합, 부분집합 연산 메소드까지 다루었다. 그런 의미에서 여기서 구현한 Set 클래스는 그 밖의 언어에서 구현된 집합 클래스보다 더 완전하다고 할 수 있다.

다음 장에서는 비순차 자료 구조인, 딕셔너리와 해시에 대해 알아본다.

7 딕셔너리와 해시

6장의 집합처럼 딕셔너리와 해시는 유일한 값(반복되지 않는 값)을 저장하기 위한 자료 구조다.

집합이 원소의 값에 초점을 두었다면, 딕셔너리(또는 맵)는 값을 [키, 값] 형태로 저장한다. 해시 역시 [키, 값]으로 저장하지만 자료 구조를 구현하는 방법이 조금 다르다.

딕셔너리

딕셔너리dictionary는 데이터를 [키, 값] 쌍으로 담아두는 자료 구조로, 키는 원소를 찾기 위한 식별자다. 집합이 [키, 키], 딕셔너리가 [키, 값] 형태의 원소를 모아놓은 공간이라는 점에서 두 자료 구조는 비슷하다. 딕셔너리는 **맵**map이라고도 한다.

7장에서는 딕셔너리를 실제로 어떻게 응용하는지, 어학 사전(단어와 풀이)과 주소록을 예로 들어 살펴볼 것이다.

딕셔너리 만들기

Set 클래스와 마찬가지로 ECMAScript 6에는 Map 클래스(딕셔너리)에 대해서도 구현 명세가 수록되어 있다.

 ECMAScript 6 Map 클래스는 https://developer.mozilla.org/en-US/docs/Web/JavaScript/Reference/Global_Objects/Map(또는 간단히 http://goo.gl/dm8VP6)을 참고하자.

우리가 구현할 Dictionary 클래스도 이 명세에 기반한 것이다. 곧 보겠지만 Set 클래스와 여러 면에서 상당히 흡사하다([키, 키] 대신 [키, 값] 쌍을 저장한다는 점만 다르다).

Dictionary 클래스를 작성해보자.

```
function Dictionary(){
    var items = {};
}
```

Set처럼 Dictionary도 배열 대신 객체(Object 인스턴스)에 원소를 보관한다.

딕셔너리/맵에서 사용할 메소드 목록을 추려보자.

- set(키, 값): 딕셔너리에 원소를 추가한다.

- remove(키): 키에 해당하는 원소를 삭제한다.

- has(키): 키에 해당하는 원소가 딕셔너리에 존재하면 true를, 그렇지 않으면 false를 반환한다.

- get(키): 키에 해당하는 원소의 값을 반환한다.

- clear(): 모든 원소를 삭제한다.

- size(): 원소의 개수를 반환한다. 배열의 length 프로퍼티와 비슷하다.

- keys(): 딕셔너리의 모든 키를 배열로 반환한다.

- values(): 딕셔너리의 모든 값을 배열로 반환한다.

has와 set 메소드

has(키) 메소드는 set, remove에서 호출되므로 제일 먼저 구현해야 한다.

```
this.has = function(key){
    return key in items;
};
```

Set의 has와 완전히 일치한다. 자바스크립트 in 연산자로 items에 key가 있는지 체크한다.

다음은 set 메소드다.

```
this.set = function(key, value){
    items[key] = value; // {1}
};
```

key와 value를 인자로 받아 items에 [key, value] 형태로 원소를 세팅하는 메소드로, 새로운 원소를 추가하거나 기존 원소를 수정할 수 있다.

remove 메소드

remove 역시 value 대신 key로 원소를 찾는다는 점만 다르지 나머지는 Set과 같다.

```
this.remove = function(key){
    if (this.has(key)){
        delete items[key];
        return true;
    }
    return false;
};
```

items에서 key 키를 가진 원소를 찾아 삭제한다.

get과 values 메소드

딕셔너리에서 어떤 원소를 찾아 그 값을 알고 싶을 때 다음과 같이 구현한다.

```
this.get = function(key) {
    return this.has(key) ? items[key] : undefined;
};
```

get 메소드는 찾는 원소가 실제로 존재하는지 확인해(key로 검색), 있으면 그 값을, 없으면 undefined를 각각 반환한다(undefined와 null은 전혀 다른 개념임을 이미 1장에서 설명했다).

다음은 values 메소드다. 딕셔너리 전체 원소의 값을 배열로 변환해 반환한다.

```
this.values = function(){
    var values = [];
    for (var k in items) { // {1}
        if (this.has(k)) {
            values.push(items[k]); // {2}
        }
    }
    return values;
};
```

items의 원소들을 차례로 순회하면서({1}), has 메소드로 key 키에 해당하는 원소가 있는지 확인하고 있으면 그 값을 values 배열에 넣는다({2}). 순회가 끝나면 values 배열을 반환한다.

clear, size, keys, getItems 메소드

clear, size, keys 메소드는 Set과 동일하므로 코드는 생략한다.

getItems는 items를 가져오는 메소드다.

```
this.getItems = function(){
    return items;
}
```

딕셔너리 클래스 사용

먼저, Dictionary 인스턴스를 생성하고 이메일 주소 3개를 넣자. 이메일 주소록이 하나의 dictionary 객체라고 보는 것이다.

다음 코드를 실행해보자.

```
var dictionary = new Dictionary();
dictionary.set('Gandalf', 'gandalf@email.com');
dictionary.set('John', 'johnsnow@email.com');
dictionary.set('Tyrion', 'tyrion@email.com');
```

콘솔에 다음 코드를 출력해보면 결과는 true이다.

```
console.log(dictionary.has('Gandalf'));
```

추가한 원소가 3개이므로 다음 코드는 3을 출력할 것이다.

```
console.log(dictionary.size());
```

다른 테스트도 해보자.

```
console.log(dictionary.keys());
console.log(dictionary.values());
console.log(dictionary.get('Tyrion'));
```

각각 다음과 같이 표시된다.

```
["Gandalf", "John", "Tyrion"]
["gandalf@email.com", "johnsnow@email.com", "tyrion@email.com"]
tyrion@email.com
```

원소 하나를 지워보자.

```
dictionary.remove('John');
```

그리고 다음 코드를 실행하자.

```
console.log(dictionary.keys());
console.log(dictionary.values());
console.log(dictionary.getItems());
```

실행 결과는 이렇다.

```
["Gandalf", "Tyrion"]
["gandalf@email.com", "tyrion@email.com"]
```
Object {Gandalf: "gandalf@email.com", Tyrion: "tyrion@email.com"}

키가 John인 원소가 삭제됐으니 dictionary 인스턴스에는 원소가 2개 있다. 굵게
표시한 부분을 잘 보면 items가 내부적으로 어떻게 구성되어 있는지 알 수 있다.

해시 테이블

이번 절에서는 Dictionary 클래스의 해시 구현이라고 할 수 있는, HashTable 클래스(HashMap이라고도 한다)에 대해 알아본다.

해싱 hashing은 자료 구조에서 특정 값을 가장 신속하게 찾는 방법이다. 이전 장에서는 어떤 값을 찾으려고 (get 메소드를 이용해) 전체 원소에 대해 루프문을 실행했었다. 해시 함수는 어떤 키에 해당하는 값의 주소를 테이블에서 찾아주는 함수이므로 조회 속도가 매우 빠르고 간단하다.

이메일 주소록을 다시 예로 들어보자. 가장 흔한 형태의 해시 함수는 일명 '루즈 루즈 lose lose' 해시 함수라고 하는데, 키를 구성하는 문자의 아스키 ASCII 값을 단순히 더한 것이다.

이름/키	해시 함수	해시 값	해시 테이블
Gandalf	71 + 97 + 110 + 100 + 97 + 108 + 102	685	[...]
			[399] johnsnow@email.com
John	74 + 111 + 104 + 110	399	[...]
			[645] tyrion@email.com
Tyrion	84 + 121 + 114 +105 + 111 + 110	645	[...]
			[685] gandalf@email.com
			[...]

해시 테이블 만들기

이런 형태의 자료 구조는 배열을 사용해 나타낸다.

늘 그렇듯이 우선 클래스 골격부터 만들어보자.

```
function HashTable() {
    var table = [];
}
```

그리고 다음 세 가지 기본 메소드를 추가한다.

- put (키, 값) : 원소를 추가한다(또는 기존 원소를 수정한다).

- remove (키) : 키에 해당하는 원소를 찾아 삭제한다.

- get (키) : 키에 해당하는 원소를 찾아 그 값을 반환한다.

이들을 구현하기 전에 먼저 해시 함수(HashTable의 프라이빗 메소드)부터 구현해보자.

```
var loseloseHashCode = function (key) {
    var hash = 0;                                // {1}
    for (var i = 0; i < key.length; i++) {       // {2}
        hash += key.charCodeAt(i);               // {3}
    }
    return hash % 37;                            // {4}
};
```

key를 구성하는 각 문자의 아스키 값을 합하는 함수다. 결과 값을 저장할 변수를 선언하고({1}), key 문자열의 길이만큼 루프를 반복하면서({2}) 문자별 아스키 값을 hash에 더한다({3}, 자바스크립트 String 클래스의 charCodeAt 내장 메소드를 사용한다). 루프가 끝난 후, 아스키 수치가 작은 영역이 있음을 감안해 hash를 임의의 숫자로 나눈 나머지를 최종값으로 반환한다({4}).

 아스키 표는 http://www.asciitable.com/을 참고하자.

해시 함수를 작성했으니 put 메소드부터 구현해보자.

```
this.put = function (key, value) {
    var position = loseloseHashCode(key); // {5}
    console.log(position + ' - ' + key);  // {6}
    table[position] = value; // {7}
};
```

인자 key를 해시 함수에 넣고 반환된 결과 값(position)으로 테이블에서 찾아야한다({5}). 여기서는 확인 용도로 position을 콘솔에 표시하는데({6}), 필요 없으면 {6}은 삭제하거나 주석 처리해도 된다. 어쨌든, table 배열의 position 인덱스에 value를 추가한다.

HashTable 인스턴스에서 값을 찾는 것은 다음 get 메소드가 할 일이다.

```
this.get = function (key) {
    return table[loseloseHashCode(key)];
};
```

앞서 만든 해시 함수로 key의 인덱스를 찾고, 이 인덱스에 해당하는 table 배열의 값을 반환한다.

마지막으로 remove 메소드다.

```
this.remove = function(key){
    table[loseloseHashCode (key)] = undefined;
};
```

HashTable 인스턴스에서 어떤 원소를 삭제하려면 인덱스를 찾아(해시 함수를 이용해) table 배열의 값을 undefined로 만들어주면 된다.

HashTable은 ArrayList처럼 table 배열의 원소 자체를 삭제할 필요는 없다. 배열 전체에 원소들이 고루 분포되어 있으므로 어떤 인덱스엔 값이 할당되지 않은 채 기본 값 undefined가 들어 있다. 다음에 기존의 다른 원소를 조회/삭제 시 어차피 해시 함수로 인덱스를 찾을 수 없을 테니 문제될 것은 없다.

HashTable 클래스 사용

다음 코드로 HashTable 클래스의 기능을 점검해보자.

```
var hash = new HashTable();
hash.put('Gandalf', 'gandalf@email.com');
hash.put('John', 'johnsnow@email.com');
hash.put('Tyrion', 'tyrion@email.com');
```

실행 결과, 다음과 같이 콘솔에 출력될 것이다.

```
19 - Gandalf
29 - John
16 - Tyrion
```

다음 그림은 HashTable에서 이 세 원소가 어떻게 포함되어 있는지 나타낸 것이다.

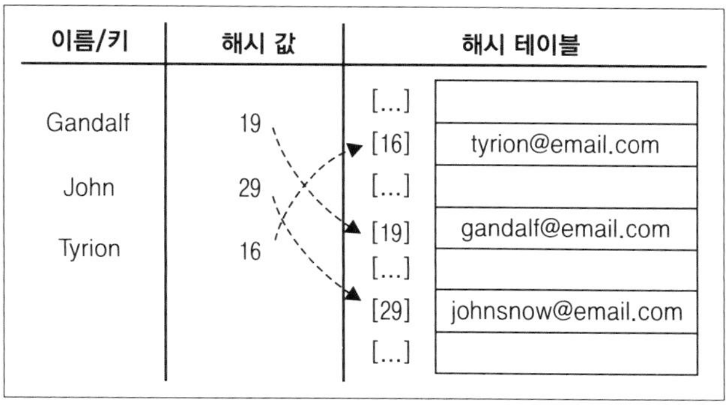

이름/키	해시 값	해시 테이블
Gandalf	19	[...]
		[16] tyrion@email.com
John	29	[...]
		[19] gandalf@email.com
Tyrion	16	[...]
		[29] johnsnow@email.com
		[...]

get 메소드도 잘 작동하는지 시험해보자.

```
console.log(hash.get('Gandalf'));
console.log(hash.get('Loiane'));
```

결과는 다음과 같다.

```
gandalf@email.com
undefined
```

Gandalf는 HashTable에 존재하는 키이므로 값을 반환하지만, Loiane라는 키는 없으므로 배열에서 해시 함수에 의해 생성된 인덱스로 접근 시 찾지 못하고 undefined(존재하지 않음)를 반환한다.

이번엔 HashTable에서 Gandalf를 지워보자.

```
hash.remove('Gandalf');
console.log(hash.get('Gandalf'));
```

Gandalf는 더 이상 없으므로 실행 결과는 undefined이다.

해시 테이블과 해시 집합 비교

지금까지 살펴본 해시 테이블은 해시 맵과 동일한 자료 구조다.

일부 프로그래밍 언어에서는 **해시 집합**hash set을 지원한다. 해시 집합은 집합의 모습을 하고 있지만, 원소의 삽입/삭제나 접근 시 해시 함수를 이용한다. 해시 집합은 이 장에서 제시한 코드를 그대로 재사용해 구현 가능하며, 키-값 쌍이 아닌, 값만 넣는다는 것만 다르다. 예를 들어, 영어 사전이라면 표제어만 모두 해시 집합에 넣을 수 있다. 유일한 값, 즉 비반복적인 값을 저장한다는 특징은 해시 집합이나 집합이나 같다.

해시 테이블 간 충돌 해결

분명히 키는 다른데 값이 똑같은 경우가 있다. HashTable 인스턴스에서 동일한 인덱스에는 다른 값이 들어 있어야 하기 때문에 이를 충돌collision이라 한다. 다음 코드를 실행해 해시 테이블을 채워보자.

```
var hash = new HashTable();
hash.put('Gandalf', 'gandalf@email.com');
hash.put('John', 'johnsnow@email.com');
hash.put('Tyrion', 'tyrion@email.com');
hash.put('Aaron', 'aaron@email.com');
hash.put('Donnie', 'donnie@email.com');
hash.put('Ana', 'ana@email.com');
hash.put('Jonathan', 'jonathan@email.com');
hash.put('Jamie', 'jamie@email.com');
hash.put('Sue', 'sue@email.com');
hash.put('Mindy', 'mindy@email.com');
hash.put('Paul', 'paul@email.com');
hash.put('Nathan', 'nathan@email.com');
```

결과는 다음과 같다.

```
19 - Gandalf
29 - John
16 - Tyrion
16 - Aaron
13 - Donnie
```

```
13 - Ana
5 - Jonathan
5 - Jamie
5 - Sue
32 - Mindy
32 - Paul
10 - Nathan
```

Tyrion과 Aaron의 해시 함수 값(16)이 똑같다. Donnie 역시 Ana와 같은 해시 함수 값(13)을 갖고 있다. Jonathan, Jamie, Sue 세 명도 그렇고, Mindy와 Paul 또한 둘 다 32이다.

hash는 지금 어떤 상태일까? 내부에 값들이 어떻게 들어간 것일까?

print라는 이름의 헬퍼 메소드를 작성해서 콘솔에 hash를 출력해보자.

```
this.print = function () {
    for (var i = 0; i < table.length; ++i) {      // {1}
        if (table[i] !== undefined) {              // {2}
            console.log(i + ": " + table[i]);      // {3}
        }
    }
};
```

배열의 원소를 차례로 순회하면서({1}) 값이 있으면({2}) 배열 원소를 콘솔에 나타 낸다({3}).

자, 테스트해보자.

```
hash.print();
```

결과는 다음과 같다.

```
5: sue@email.com
10: nathan@email.com
13: ana@email.com
16: aaron@email.com
19: gandalf@email.com
29: johnsnow@email.com
32: paul@email.com
```

Jonathan, Jamie, Sue는 동일한 해시 값 5를 갖고 있다. Sue를 제일 마지막에 추가했기 때문에 5의 자리에 남게 된 것이다. 처음엔 Jonathan의 차지였겠지만 Jamie가 다시 뺏고, 결국 Sue가 최후의 승자가 된 셈이다. 충돌이 발생한 기타 원소들도 사정은 똑같다.

넣은 값이 사라져버리는 자료 구조란 있을 수 없으므로 모든 원소가 포함되게 하려면 충돌이 발생했을 때 어떤 특별한 처리를 해줘야 한다. 이러한 처리 방법으로 체이닝, 선형 탐사, 이중 해싱, 세 가지가 있는데, 이 책에서는 이중 해싱을 제외한 나머지 두 가지에 대해서만 알아본다.

체이닝

체이닝 separate chaining은 테이블의 인덱스별로 연결 리스트를 생성해 그 안에 원소를 저장하는 기법이다. 충돌을 해결하는 가장 단순한 방법이고, HashTable 인스턴스 외에 메모리가 추가적으로 소요된다는 단점이 있다.

방금 전 살펴봤던 코드에 체이닝 기법을 적용하면 다음 그림과 같이 된다.

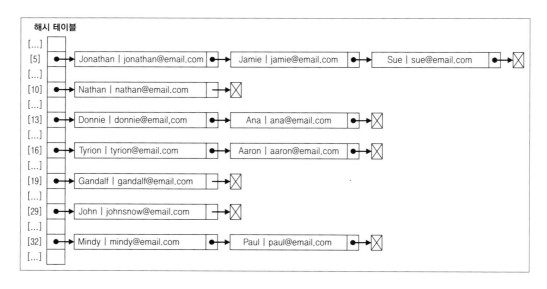

5번 위치에 3개의 원소, 13, 16, 32번 위치에는 2개의 원소, 10, 19, 29번 위치에는 1개의 원소가 각각 저장된 LinkedList 인스턴스가 있다.

체이닝과 선형 탐사법에서는 put, get, remove 메소드를 재정의해야 하고, 방법에 따라 구현 코드는 달라진다.

우선 체이닝 기법으로 구현하려면 LinkedList에서 원소를 새로운 헬퍼 클래스로 표현해야 한다. 이 클래스를 ValuePair라고 명명하고 다음과 같이 구현한다 (HashTable 클래스 내부에 선언함).

```
var ValuePair = function(key, value){
    this.key = key;
    this.value = value;

    this.toString = function() {
        return '[' + this.key + ' - ' + this.value + ']';
    }
};
```

이 클래스는 객체에 key, value를 저장하는 역할이 전부다. 나중에 toString 메소드 역시 재정의할 것이다.

put 메소드

먼저 put 메소드를 보자.

```
this.put = function(key, value){
    var position = loseloseHashCode(key);

    if (table[position] == undefined) { // {1}
        table[position] = new LinkedList();
    }
    table[position].append(new ValuePair(key, value)); // {2}
};
```

새 원소가 들어갈 위치를 이미 다른 원소가 차지하고 있는지 확인한다({1}). 문제가 없다면, 새로운 LinkedList 인스턴스를 생성한다(5장 '연결 리스트'에서 이미 학습했다). 그리고 역시 5장에서 배운 것처럼 LinkedList의 append 메소드로 ValuePair 인스턴스(key, value)를 만들어 덧붙인다({2}).

get 메소드

다음은 키로 값을 조회하는 get 메소드다.

```
this.get = function(key) {
    var position = loseloseHashCode(key);

    if (table[position] !== undefined){ // {3}

        // 키/값을 찾기 위해 연결 리스트를 순회한다.
        var current = table[position].getHead(); // {4}

        while(current.next){ // {5}
            if (current.element.key === key){ // {6}
                return current.element.value;  // {7}
            }
            current = current.next; // {8}
        }

        // 처음이나 마지막 원소일 경우
        if (current.element.key === key){ // {9}
            return current.element.value;
        }
    }
    return undefined; // {10}
};
```

먼저, 원소의 존재 여부를 확인해보고({3}) 없는 원소이면 undefined를 반환한다({10}). 원소가 있다면 LinkedList 인스턴스이므로 연결 리스트를 순회하면서 원소를 찾는다. 일단 리스트의 헤드를 current에 담아두고 원소를 찾을 때까지({5}, current.next가 null이 될 때까지) 리스트를 순회한다.

Node는 next 포인터와 element 프로퍼티를 갖고 있고, element는 곧 ValuePair 인스턴스이므로 key, value 프로퍼티도 갖는다. Node의 key는 current.element. key로 접근할 수 있고 이 key가 우리가 찾고 있는 바로 그 키인지 비교한다({6}, 이 때문에 ValuePair 클래스의 도움이 필요한 것이다. 어떤 값이 어떤 키에 대응되는지 알 수가 없으므로 값 자체를 담아둘 수 없는 것이다). 만약 key가 같다면 Node의 value를 반환하고({7}), 같지 않다면 리스트의 다음 원소를 찾아본다({8}).

발견한 원소가 리스트의 처음, 또는 마지막이라면 while 루프에 걸리지 않을 것이다. 그래서 {9}에서 특별히 분기 처리를 해줄 필요가 있다.

remove 메소드

체이닝 기법으로 HashTable에서 원소를 삭제하는 것은 앞에서 살펴봤던 일반적인 경우의 remove 메소드와는 조금 다르다. 지금은 LinkedList가 있고 이 LinkedList에서 특정 원소를 지워야 하기 때문이다. 다음과 같이 구현한다.

```
this.remove = function(key){
    var position = loseloseHashCode(key);

    if (table[position] !== undefined){

        var current = table[position].getHead();
        while(current.next){
            if (current.element.key === key){    // {11}
                table[position].remove(current.element); // {12}
                if (table[position].isEmpty()){    // {13}
                    table[position] = undefined;    // {14}
                }
                return true; // {15}
            }
            current = current.next;
        }

        // 처음이나 마지막 원소일 경우
        if (current.element.key === key){ // {16}
```

```
        table[position].remove(current.element);
        if (table[position].isEmpty()){
            table[position] = undefined;
        }
        return true;
        }
    }
    return false; // {17}
};
```

원소를 찾는 방법은 get 메소드와 같다. LinkedList 인스턴스를 순회하면서 current가 우리가 찾는 바로 그 원소라면({11}), remove 메소드로 삭제한다({12}). 그런데 이걸로 끝이 아니다. 만약 이렇게 지운 연결 리스트가 비어 있다면({13}, 즉 원소가 하나도 없다면), position 인덱스 자리는 undefined로 바꾸어({14}) 다음에 원소를 찾거나 내용을 출력할 때 건너뛰게 한다. 성공적으로 원소가 삭제되면 true({15})를, 삭제할 원소를 찾지 못하면 false({17})를 각각 반환한다. 그리고 get 메소드와 마찬가지로 처음과 마지막 원소는({16}) 별도로 분기 처리한다.

이렇게 체이닝 기법의 3개 메소드를 재정의함으로써 충돌 문제가 해결된 HashTable 이 작성됐다.

선형 탐색법

다음은 선형 탐색법linear probing이다. 이 방법은 새 원소 추가 시 인덱스가 이미 점유된 상태라면 인덱스 + 1을 찾아보고, 인덱스 + 1도 점유됐다면 인덱스 + 2를 찾아보는 식으로 충돌을 회피한다.

put 메소드

체이닝과 마찬가지로 put, get, remove 3개 메소드를 재정의할 필요가 있는데, 먼저 put 메소드부터 보자.

```
this.put = function(key, value){
    var position = loseloseHashCode(key); // {1}

    if (table[position] == undefined) { // {2}
        table[position] = new ValuePair(key, value); // {3}
    } else {
        var index = ++position; // {4}
        while (table[index] != undefined){ // {5}
            index++; // {6}
        }
        table[index] = new ValuePair(key, value); // {7}
    }
};
```

항상 그래왔듯이 먼저 해시 함수로 인덱스를 찾고({1}), 이 인덱스에 다른 원소가 있는지 체크한다(다른 원소가 있다면 else로 간다). 다른 원소가 없다면 ValuePair의 인스턴스를 생성해 넣는다({3}).

다른 원소가 이미 들어간 상태이면 비어 있는 인덱스(해당 인덱스의 배열 값이 undefined인 지점)를 찾기 위해 index 변수를 만들어 position + 1을 할당한다({4}, 전위 증가 연산자가 있으므로 변수 값이 먼저 증가하고 할당된다). 그리고 다시 이 위치에 다른 원소가 있는지 점검하고({5}), 다른 원소가 들어 있다면 index를 계속 하나씩 증가시켜({6}) 반복한다. 결국 찾게 된 인덱스에 값을 세팅하는 것으로 끝난다({7}).

 여타 프로그래밍 언어에서는 배열의 크기를 미리 정하게 되어 있다. 선형 탐사법에서 한 가지 신경 쓰이는 부분이 배열 인덱스가 가능한 범위를 벗어난 경우다. 자바스크립트 배열은 따로 크기를 정하지 않아도 원소를 추가하면 자동으로 크기가 늘어나므로(자바스크립트 내장 기능의 한 단면이다) 전혀 고민할 필요가 없다.

'해시 테이블 간 충돌 해결' 절의 코드를 선형 탐사법으로 재실행하여 원소를 추가해보면 다음과 같은 해시 테이블이 만들어진다.

해시 테이블	
[...]	
[5]	Jonathan | jonathan@email.com
[6]	Jamie | jamie@email.com
[7]	Sue | sue@email.com
[...]	
[10]	Nathan | nathan@email.com
[...]	
[13]	Donnie | donnie@email.com
[14]	Ana | ana@email.com
[...]	
[16]	Tyrion | tyrion@email.com
[17]	Aaron | aaron@email.com
[18]	
[19]	Gandalf | gandalf@email.com
[...]	
[19]	John | johnsnow@email.com
[...]	

삽입 과정을 되짚어보자.

1. Gandalf를 삽입하려고 한다. 해시 값은 19이고 해시 테이블은 이제 막 생성됐으므로 19는 비어 있다. Gandalf를 19에 추가한다.

2. John을 29에 삽입하려고 한다. 29는 비어 있으므로 John을 추가한다.

3. Tyrion을 16에 삽입하려고 한다. 16은 비어 있으므로 Tyrion을 추가한다.

4. Aaron을 16에 삽입하려고 한다. 16은 이미 Tyrion이 자리를 잡았으므로 position + 1(16 + 1), 즉 17을 보니 비어 있으므로 여기에 Aaron을 추가한다.

5. Donnie를 13에 삽입하려고 한다. 13은 비어 있으므로 Donnie를 추가한다.

6. Ana를 13에 삽입하려고 하는데, Donnie가 차지해버렸다. 그 다음 14가 비어 있으니 여기에 Ana를 추가한다.

7. Jonathan을 5에 삽입하려고 한다. 마침 5는 비어 있으므로 Jonathan을 추가한다.

8. Jamie를 5에 삽입하려고 하는데, Jonathan이 차지했으므로 6에 추가한다.

9. Sue 역시 5에 삽입하려고 하는데, 다음 위치인 6까지 모두 점유된 상태다. 따라서 그 다음 위치인 7에 Sue를 추가한다.

이런 식으로 계속 진행된다.

get 메소드

이제 원소가 추가됐으니 값을 조회하는 get 메소드를 만들어보자.

```
this.get = function(key) {
    var position = loseloseHashCode(key);

    if (table[position] !== undefined){      // {8}
        if (table[position].key === key) {   // {9}
            return table[position].value;    // {10}
        } else {
            var index = ++position;
            while (table[index] === undefined ||
                    table[index].key !== key){  // {11}
                index++;
            }
            if (table[index].key === key) {   // {12}
                return table[index].value;    // {13}
            }
        }
    }
    return undefined; // {14}
};
```

먼저 키의 존재 여부를 확인하자({8}). 존재하지 않는다면 해시 테이블에 없다는 소리이므로 undefined를 반환한다({14}). 존재한다면 찾는 테이블의 해당 인덱스의 키와 동일한지 살펴보고({9}), 만약 동일하면 바로 그 값이므로 간단히 반환하면 된다({10}).

동일하지 않다면, HashTable 인스턴스의 다음 위치를 반복하여 뒤져본다({11}). 그리고 원소가 맞는지 다시 한 번 확실히 확인해서({12}) 그 값을 반환한다({13}).

이제 HashTable에 ValuePair 클래스를 도입한 이유를 알게 됐을 것이다. 정확히 어느 위치에 있는 원소인지 알 수가 없기 때문이다.

remove 메소드

remove 메소드는 get 메소드와 정확히 같다. {10}과 {13}만 다음 코드로 바꿔주면 된다.

```
table[index] = undefined;
```

원소를 삭제하는 행위가 결국 배열 값을 undefined로 세팅해서 해당 인덱스에 아무것도 없고 얼마든지 다른 원소가 추가될 수 있음을 표시하는 것이다.

해시 함수 개선

지금까지 우리가 사용한 '루즈 루즈' 해시 함수는 결론적으로 결코 좋은 해시 함수가 아니다. 이 함수는 너무 잦은 충돌을 야기한다. 무릇 좋은 해시 함수는, 원소 삽입과 조회 속도가 빠르고(성능이 우수하고), 충돌 확률이 낮아야 한다. 인터넷에 공개된 몇몇 알고리즘을 따라 해도 되고 여러분 스스로 해시 함수를 직접 만들어 써도 된다.

다음은 '루즈 루즈' 해시 함수를 개선한 djb2 해시 함수다.

```
var djb2HashCode = function (key) {
    var hash = 5381; // {1}
    for (var i = 0; i < key.length; i++) {     // {2}
        hash = hash * 33 + key.charCodeAt(i); // {3}
    }
    return hash % 1013; // {4}
};
```

hash 변수를 임의의 소수로 초기화하고({1}, 가장 많이 쓰는 숫자가 5381이다), key를 순회하면서({2}) hash 변수에 33을 곱하고(매직 넘버) 각 문자의 아스키$_{\mathrm{ASCII}}$ 값과 더한다({3}).

마지막 줄에서 hash를 다시 또 다른 임의의 소수(HashTable 인스턴스가 가질 수 있는 크기보다 더 큰 수, 여기서는 그 크기를 1000으로 잡았다)로 나눈다.

'해시 테이블 간 충돌 해결' 절의 예제 코드에서 loseloseHashCode 대신 djb2HashCode를 해시 함수로 바꾸어 실행하면 결과는 다음과 같다.

```
798 - Gandalf
838 - John
624 - Tyrion
215 - Aaron
278 - Donnie
925 - Ana
288 - Jonathan
962 - Jamie
502 - Sue
804 - Mindy
54 - Paul
223 - Nathan
```

충돌이 하나도 없다!

물론 이 함수가 최선의 해시 함수는 아니겠지만, 많은 전문가가 즐겨 쓰는 해시 함수 중 하나다.

 숫자형 키를 받는 해시 함수를 생성하는 기법은 여러 가지가 있다. 자세한 내용은 http://goo.gl/VtdN2x를 참고하자.

정리

7장에서는 딕셔너리가 무엇인지, 그리고 원소를 추가, 삭제, 조회하는 메소드를 공부했다. 또한 딕셔너리와 집합의 차이점도 설명했다.

해싱에 대해 다루었고, 해시 테이블(또는 해시 맵) 자료 구조의 생성 방법과 원소의 추가, 삭제, 조회 방법, 그리고 해시 함수의 생성에 대해서도 배웠다. 해시 테이블에서 충돌이 발생할 경우 이를 해결하기 위한 체이닝, 선형 탐사법을 살펴봤다.

다음 장의 주제는 트리 자료 구조다.

8

트리

지금까지는 주로 순차적 자료 구조를 살펴봤다. 비순차적 자료 구조는 **해시 테이블**이 유일한데, 8장에서는 **트리**tree라는 또 다른 비순차적 자료 구조를 학습한다. 트리는 정보를 쉽게 검색하기 위해 저장할 때 유용한 자료 구조다.

트리는 계층 구조hierarchical structure를 추상화한 모델이다. 주변에서 가장 흔한 예로 가계도가 있고, 다음 회사 조직 역시 트리 구조로 되어 있다.

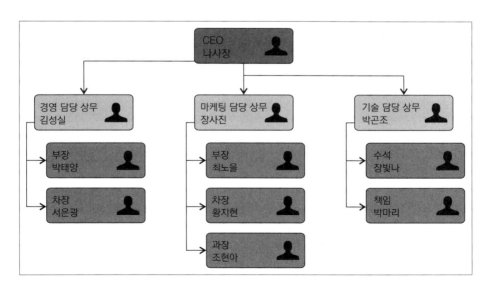

트리 용어

트리는 부모-자식 관계를 가진 다수의 노드로 구성된다. 각 노드는 부모 노드를 가지며(최상위 노드를 제외하고), 다수 자식 노드를 가질 수 있고 하나도 없을 수도 있다.

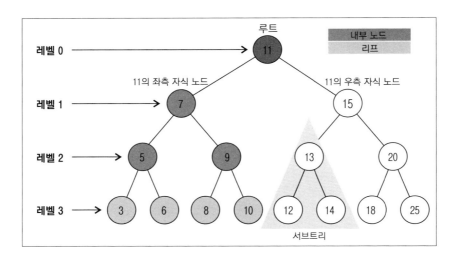

트리에서 최상위 노드는 **루트**root라고 하며(11), 부모가 없는 노드다. 트리의 원소는 노드라고 부르는데, 내부 노드internal node와 외부 노드external node의 두 종류가 있다. 1개 이상의 자식을 가진 노드(7, 5, 9, 15, 13, 20)가 내부 노드이며, 자식이 하나도 없는 노드를 외부 노드 또는 리프leaf(3, 6, 8, 10, 12, 14, 18, 25)라고도 한다.

노드는 조상ancestor과 후손descendant을 가질 수 있다. 조상은(루트를 제외하고) 부모, 조부모, 증조부모 등 상위 계층의 노드를, 후손은 자식, 손자, 증손자 등 하위 계층의 노드를 각각 가리킨다. 그림에서 노드 5 입장에서 7과 11은 조상, 3과 6은 후손이다.

서브트리subtree는 노드와 후손으로 구성된다. 노드 13, 12, 14가 하나의 서브트리라고 할 수 있다.

노드의 깊이depth란 조상의 개수다. 노드 3의 깊이는 3개의 조상(5, 7, 11)을 갖고 있으므로 3이다.

트리의 높이height는 깊이의 최대치다. 트리는 레벨level로 구분하기도 한다. 루트는 레벨 0, 그 하위 자식은 레벨 1, 이런 식이다. 그림 속의 트리 높이는 3이다(최대 깊이는 3, 즉 레벨 3까지 있으므로).

중요한 트리 용어는 이 정도로 정리하고 이제 본론으로 들어가자.

이진 트리와 이진 탐색 트리

이진 트리binary tree에서 노드는 좌, 우측에 각각 하나씩, 최대 2개의 자식 노드를 갖는다. 따라서 노드의 삽입, 조회, 삭제를 효과적으로 수행할 수 있어서 컴퓨터 과학에서 아주 폭넓게 활용된다.

이진 탐색 트리binary search tree는 이진 트리의 변형으로, 좌측 자식 노드에는 더 작은 값을, 우측 자식 노드에는 더 큰 값을 들고 있다는 차이점이 있다. 앞 절에서 그림으로 봤던 트리가 바로 이진 탐색 트리다.

이 절에서는 이진 탐색 트리 클래스를 작성해보자.

BinarySearchTree 클래스 만들기

BinarySearchTree 클래스의 뼈대만 우선 만들어보자.

```
function BinarySearchTree() {

    var Node = function(key){ // {1}
        this.key = key;
        this.left = null;
        this.right = null;
    };

    var root = null; // {2}
}
```

다음은 **이진 탐색 트리**BST의 자료 구조가 내부적으로 어떻게 저장되는지 나타낸 그림이다.

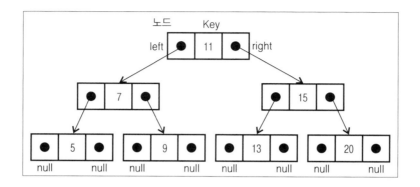

연결 리스트와 마찬가지로 노드(트리에서는 **간선**edge이라고 표현한다) 간 연결은 포인터로 나타낸다. 이중 연결 리스트는 노드당 2개의 포인터(다음/이전 노드 포인터)가 있다. 트리 역시 포인터가 2개 있는데, 각각 좌측, 우측 자식 노드를 가리킨다. 따라서 우선 트리 노드를 표현하는 Node 클래스를 선언한다(⟨1⟩). 여기서 노드를 원소라 하지 않고 키라고 한 부분을 잘 봐두자. 트리에서는 키로 노드를 식별한다.

그 밖의 내용은 5장 '연결 리스트'의 LinkedList 클래스에서 사용했던 패턴과 대동소이하다. 즉 자료 구조의 첫 번째 노드를 변수로 선언해서 제어하는 식으로 진행된다. 단, 트리에서는 헤드가 아닌, 루트라는 점이 다르다(⟨2⟩).

그럼, 트리 구현 시 필요한 메소드를 살펴보자.

- insert(키): 새 키를 삽입한다.
- search(키): 해당 키를 가진 노드가 존재하는지 여부를 true/false로 반환한다.
- inOrderTraverse: 중위 순회in-order traverse 방식으로 트리의 전체 노드를 방문한다.
- preOrderTraverse: 전위 순회pre-order traverse 방식으로 트리의 전체 노드를 방문한다.

- postOrderTraverse: 후위 순회post-order traverse 방식으로 트리의 전체 노드를 방문한다.

- min: 트리의 최소 값/키를 반환한다.

- max: 트리의 최대 값/키를 반환한다.

- remove(키): 키를 삭제한다.

각 메소드를 하나씩 살펴보자.

트리에 키 삽입하기

이 장의 메소드는 이전보다 구현이 약간 복잡한 편이다. 특히 재귀 알고리즘이 자주 등장하는데, 아직 재귀라는 용어가 생소한 독자는 11장 '그 밖의 알고리즘'을 먼저 참고하기 바란다.

다음은 트리에 새 키를 추가하는 코드다.

```
this.insert = function(key){

    var newNode = new Node(key); // {1}

    if (root === null){ // {2}
        root = newNode;
    } else {
        insertNode(root,newNode); // {3}
    }
};
```

트리에 새 노드(원소)를 삽입할 때는 다음 세 단계 작업을 거친다.

첫째, 새 노드에 해당하는 Node 인스턴스를 생성한다({1}). 생성자에는 트리에 추가할 값을 인자로 넘겨주며, left/right 포인터는 null로 초기화된다.

둘째, 추가할 노드가 트리의 최초 노드일 경우, 즉 트리가 비어 있을 때는({2}) 이 노드를 루트로 세팅한다.

셋째, 루트를 제외한 다른 위치에 추가하는 일반적인 경우, 다음의 프라이빗 헬퍼 함수 insertNode(⟨3⟩)를 호출한다.

```
var insertNode = function(node, newNode){
   if (newNode.key < node.key){    // {4}
      if (node.left === null){    // {5}
         node.left = newNode;    // {6}
      } else {
         insertNode(node.left, newNode);  // {7}
      }
   } else {
      if (node.right === null){  // {8}
         node.right = newNode;    // {9}
      } else {
         insertNode(node.right, newNode); // {10}
      }
   }
};
```

insertNode 함수의 기능은 새 노드를 추가할 위치를 정확히 찾는 것이다. 코드를 자세히 따라가 보자.

- insertNode 함수에 루트와 새 노드를 인자로 호출해서 새 노드를 어디에 추가 하면 좋을지 결정한다(⟨3⟩).

- 새 노드의 키가 현재 노드(⟨4⟩, 여기서는 루트)의 키보다 작다면, 노드의 좌측 자 식 노드를 확인해본다. 만약 좌측 자식 노드가 없다면(⟨5⟩) 새 노드를 이 자리 에 넣으면 되고(⟨6⟩), 그렇지 않다면 insertNode 함수를 다시 재귀 호출해서 하위 레벨로 다시 내려간다(⟨7⟩). 다음에 비교할 노드는 현재 노드의 좌측 자식 노드다.

- 새 노드의 키가 현재 노드의 키보다 크고 우측 자식 노드가 없다면(⟨8⟩), 새 노 드를 넣을 자리는 여기다(⟨9⟩). 그렇지 않다면 역시 재귀 호출을 해야 하는데, 다음 비교 대상은 우측 자식 노드가 된다(⟨10⟩).

좀 더 구체적인 예를 들어보자.

자, 다음은 트리를 생성하고 최초의 키를 추가하는 코드다.

```
var tree = new BinarySearchTree();
tree.insert(11);
```

최초의 노드 11은 루트가 된다. 방금 전 살펴봤던 예제 코드에서는 {2}에 해당한다.

이제 다음과 같은 트리가 있다고 해보자.

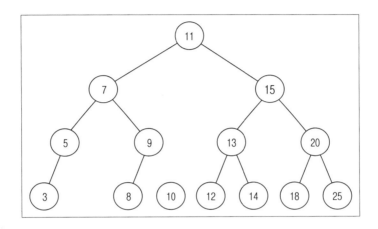

이 트리는 다음과 같이 노드를 계속 추가하면 만들어진다(11은 이미 추가했었다).

```
tree.insert(7);
tree.insert(15);
tree.insert(5);
tree.insert(3);
tree.insert(9);
tree.insert(8);
tree.insert(10);
tree.insert(13);
tree.insert(12);
tree.insert(14);
tree.insert(20);
tree.insert(18);
tree.insert(25);
```

그리고 키가 6인 노드를 새로 추가하려고 한다.

```
tree.insert(6);
```

이때 실행되는 로직은 다음과 같다.

1. 비어 있는 트리가 아니므로 {3}에서 insertNode(root, key[6])를 호출한다.

2. {4}에서 (key[6] < root[11])가 true이고 {5}에서 node.left[7]이 null이 아니므로 {7}에서 insertNode(node.left[7], key[6])를 호출한다.

3. 다시 insertNode 메소드이지만 이번엔 인자가 다르다. {4}에서 (key[6] < root[7])가 true이고 {5}의 조건식 node.left[5]가 null이 아니므로 {7}에서 insertNode(node.left[5], key[6])를 한 번 더 호출한다.

4. insertNode 메소드를 다시 재귀 수행한다. 이번엔 {4}에서 (key[6] < root[5])가 false이고 {8}에서 node.right가 null이므로(5는 우측 자식 노드가 없다) {9}에서 6을 5의 우측 자식 노드로 입양한다.

5. 이후 메소드 스택은 팝업되고 실행은 종료된다.

다음 그림은 이 트리에 노드 6을 삽입한 결과다.

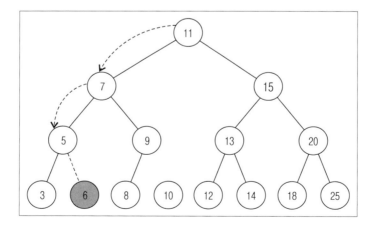

트리 순회

트리의 모든 노드를 방문해서 각 노드마다 어떤 작업을 수행하는 것을 트리 순회 traversal(또는 워킹walking)라고 한다. 그런데 문제는 순회를 하는 방법이다. 트리의 최 상단에서 시작해서 하위 레벨로 내려갈까, 아니면 반대로 최하부부터 상위 레벨로 거슬러 올라와야 할까? 좌/우 중에서는 어느 쪽을 우선해야 할까? 이러한 기준에 따라 순회 방법은 중위, 전위, 후위 세 가지로 분류된다.

각 순회 방법을 차례로 살펴보자.

중위 순회

중위 순회in-order traversal는 BST의 노드를 오름차순, 즉 작은 값에서 큰 값 방향으로 방문한다. 트리 정렬 시 사용되는 방법이다. 구현 로직을 살펴보자.

```
this.inOrderTraverse = function(callback){
    inOrderTraverseNode(root, callback); // {1}
};
```

`inOrderTraverse` 메소드가 인자로 취하는 콜백 함수에는 노드 방문 시 수행할 작업을 기술한다(이런 식의 프로그래밍을 방문자 패턴visitor pattern이라고 한다. 자세한 내 용은 http://en.wikipedia.org/wiki/Visitor_pattern을 참고하자). BST 구현 알고리즘 은 대부분 재귀 호출을 사용하므로 프라이빗 헬퍼 함수를 별도로 만들어 node와 callback을 전달한다({1}).

```
var inOrderTraverseNode = function (node, callback) {
    if (node !== null) { // {2}
        inOrderTraverseNode(node.left, callback);  // {3}
        callback(node.key);                        // {4}
        inOrderTraverseNode(node.right, callback); // {5}
    }
};
```

먼저 인자 node가 null인지 확인해봐야 한다({2}, 이렇게 재귀 호출이 중단되는 시점을 알고리즘에서는 기본 상태base case라고 한다).

그 다음 자기 자신을 재귀 호출해 좌측 자식 노드를 방문하고({3}), 방문한 노드에 ({4}) 어떤 작업을 수행한다(callback). 그리고 우측 자식 노드를 방문한다({5}).

예컨대, 다음과 같은 콜백 함수가 있다고 하자.

```
function printNode(value){ // {6}
    console.log(value);
}
tree.inOrderTraverse(printNode); // {7}
```

브라우저 콘솔창에 노드 값을 출력하는 간단한 기능의 콜백 함수다({6}). 그리고 inOrderTraverse에 이 함수를 인자로 넘겨준다({7}). 실행 결과, 다음 숫자들이 콘솔창에 출력될 것이다(실제로는 숫자마다 개행되어 출력된다).

```
3 5 6 7 8 9 10 11 12 13 14 15 18 20 25
```

다음은 중위 순회 방식을 그림으로 나타낸 것이다.

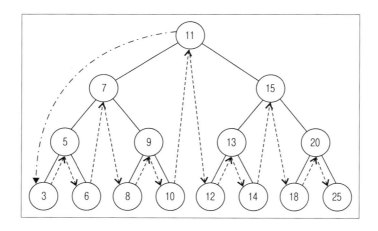

전위 순회

전위 순회pre-order traversal에서는 자식 노드보다 노드 자신을 먼저 방문한다. 구조화된 문서를 출력할 때 많이 이용하는 방법이다.

로직을 살펴보자.

```
this.preOrderTraverse = function(callback){
    preOrderTraverseNode(root, callback);
};
```

preOrderTraverseNode 함수는 다음과 같이 구현한다.

```
var preOrderTraverseNode = function (node, callback) {
    if (node !== null) {
        callback(node.key); // {1}
        preOrderTraverseNode(node.left, callback);  // {2}
        preOrderTraverseNode(node.right, callback); // {3}
    }
};
```

전위 순회는 일단 노드를 먼저 방문한 후({1}) 좌측 노드({2})와 우측 노드({3})를 방문한다는 점에서 중위 순회와 순서의 차이가 있다(중위 순회의 순서는 {2}, {1}, {3} 이다).

실행 결과는 다음과 같다.

```
11 7 5 3 6 9 8 10 15 13 12 14 20 18 25
```

다음은 전위 순회 방식을 그림으로 나타낸 것이다.

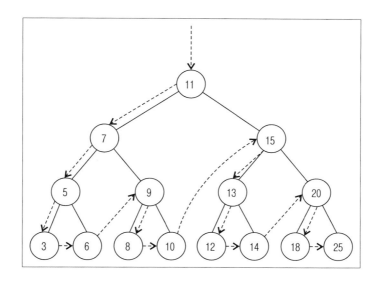

후위 순회

후위 순회post-order traversal는 자식 노드를 노드 자신보다 먼저 방문한다. 디렉토리와 서브 디렉토리의 파일 용량을 계산할 때 쓰는 방법이다.

구현 코드를 보자.

```
this.postOrderTraverse = function(callback){
    postOrderTraverseNode(root, callback);
};
```

postOrderTraverseNode 함수는 다음과 같이 구현한다.

```
var postOrderTraverseNode = function (node, callback) {
    if (node !== null) {
        postOrderTraverseNode(node.left, callback);   // {1}
        postOrderTraverseNode(node.right, callback);  // {2}
        callback(node.key);                            // {3}
    }
};
```

후위 순회는 좌측 노드를 가장 먼저 방문하고({1}), 그 다음 우측 노드({2}), 마지막으로 노드 자신을 방문한다({3}).

보다시피 중위, 전위, 후위 세 가지 순회 알고리즘은 대동소이하다. 다만, {1}, {2}, {3} 코드의 실행 순서만 다를 뿐이다.

후위 순회의 실행 결과는 다음과 같다.

```
3 6 5 8 10 9 7 12 14 13 18 25 20 15 11
```

다음은 후위 순회 방식을 그림으로 나타낸 것이다.

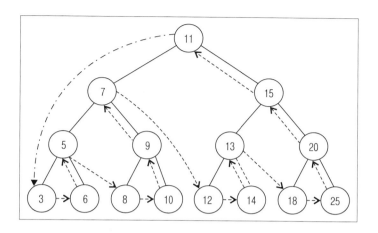

트리 노드 검색

다음은 트리에서 노드를 검색하는 세 가지 유형이다.

- 최솟값 찾기

- 최댓값 찾기

- 특정 값 찾기

하나씩 살펴보자.

최솟값/최댓값 찾기

다음과 같은 트리가 있다고 하자.

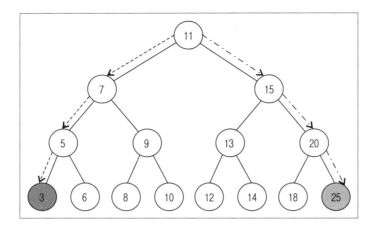

그림을 보니 트리의 최솟값, 최댓값이 눈에 바로 띄지 않는가?

최하위 레벨의 맨 좌측 노드 값 3이 트리의 최솟값이다. 이번엔 우측 끝으로 가보니(마찬가지로 최하위 레벨) 25란 노드 값이 트리의 최댓값이다. 이제 원리를 이해했으니 트리에서 최솟값, 최댓값을 각각 찾는 알고리즘을 구현할 수 있다.

먼저, 트리의 최솟값을 찾는 min 메소드다.

```
this.min = function() {
    return minNode(root); // {1}
};
```

min은 퍼블릭 메소드로, 내부에서 minNode 메소드를 다시 호출한다({1}).

```
var minNode = function (node) {
    if (node){
        while (node && node.left !== null) { // {2}
            node = node.left;                 // {3}
        }

        return node.key;
    }
    return null; // {4}
};
```

minNode 메소드는 서브트리 또는 트리 전체에서 최솟값을 찾는다. 우리는 트리 전체 범위에서 최솟값을 구하기 위해 인자를 root로 했다({1}).

minNode 메소드 트리의 마지막 레벨(좌측 끝)에 위치한 노드에 도달할 때까지 트리의 left 간선을 따라 순회한다({2}, {3}).

max 메소드도 비슷하다.

```
this.max = function() {
    return maxNode(root);
};

var maxNode = function (node) {
    if (node){
        while (node && node.right !== null) { // {5}
            node = node.right;
        }

        return node.key;
    }
    return null;
};
```

최댓값을 찾아야 하므로 트리의 맨 우측 마지막 레벨의 노드에 닿을 때까지 우측 간선을 순회하면 된다({5}).

언제나 최솟값은 트리 좌측, 최댓값은 트리 우측을 따라 죽 내려가면 찾을 수 있다.

특정 값 찾기

이 책의 앞에서 자료 구조의 특정 값을 찾기 위해 find, search, get 같은 메소드(이전 장에서는 has 메소드)를 구현했던 걸 기억할 것이다. BST에서도 같은 기능의 메소드를 구현해보자.

```
this.search = function(key){
    return searchNode(root, key); // {1}
};
```

```
var searchNode = function(node, key){

    if (node === null){ // {2}
        return false;
    }
    if (key < node.key){ // {3}
        return searchNode(node.left, key);  // {4}

    } else if (key > node.key){ // {5}
        return searchNode(node.right, key); // {6}

    } else {
        return true; // {7}
    }
};
```

search 메소드를 먼저 선언하고, 내부적으로는 다른 BST의 메소드들처럼 헬퍼 함수를 호출할 것이다({1}).

searchNode 메소드는 서브트리 또는 전체 트리에서 특정 노드를 찾는다. 재귀를 감안해 {1}에서 root를 인자로 넘겨 호출한다.

node 인자가 null이면 유효하지 않은 값이므로 false를 반환한다({2}).

node가 null이 아니면 이후로 또 다른 분기가 이루어진다. 찾는 키가 현재 노드의 키보다 작다면({3}) 좌측 자식 노드 쪽 서브트리를 따라서 검색을 계속하고({4}), 반대로 더 크다면({5}) 우측 자식 노드 쪽 서브트리를 따라서 검색을 계속한다. 두 가지가 모두 아니라면, 즉 현재 노드의 키가 바로 찾고자 하는 키라면 검색이 완료된 것이므로 바로 true를 반환한다({7}).

구현에 문제가 없는지 테스트해보자.

```
console.log(tree.search(1) ? '키 1을 찾았습니다.' : '키 1을 찾지 못했습니다.');
console.log(tree.search(8) ? '키 8을 찾았습니다.' : '키 8을 찾지 못했습니다.');
```

실행 결과는 다음과 같다.

```
키 1을 찾지 못했습니다.
키 8을 찾았습니다.
```

키 1의 검색 과정을 좀 더 자세히 단계별로 살펴보자.

1. root를 인자로 searchNode 메소드를 호출한다({1}). (node[root[11]])이 null이 아니므로({2}) {3}으로 이동한다.

2. (key[1] < node[11])가 true이므로({3}) {4}로 이동하고, (node[7], key[1])을 인자로 searchNode를 재귀 호출한다.

3. (node[7])이 null이 아니므로({2}) {3}으로 이동한다.

4. (key[1] < node[7])가 true이므로({3}) {4}로 이동하고, (node[5], key[1])을 인자로 searchNode를 재귀 호출한다.

5. (node[5])가 null이 아니므로({2}), {3}으로 이동한다.

6. (key[1] < node[5])가 true이므로({3}) {4}로 이동하고, (node[3], key[1])을 인자로 searchNode를 재귀 호출한다.

7. (node[3])이 null이 아니므로({2}), {3}으로 이동한다.

8. (key[1] < node[3])가 true이므로({3}) {4}로 이동하고, (null, key[1])을 인자로 searchNode를 재귀 호출한다. node[3]은 리프이므로(자식 노드가 없으니 좌측 자식 노드는 null임) null을 넘기는 것이다.

9. (null)은 null이므로({2}, 여기서 찾는 노드가 null) false를 반환한다.

10. 이후 메소드 스택은 팝업되고 실행이 종료된다.

그렇다면, 키 8의 검색 과정은 어떨까?

1. root를 인자로 searchNode 메소드를 호출한다({1}). (node[root[11]])은 null이 아니므로({2}) {3}으로 이동한다.

2. (key[8] < node[11])가 true이므로({3}) {4}로 이동하고, (node[7], key[8])을 인자로 searchNode를 재귀 호출한다.

3. (node[7])이 null이 아니므로({2}) {3}으로 이동한다.

4. (key[8] < node[7])가 false이므로({3}) {5}로 이동한다.

5. (key[8] > node[7])가 true이므로({5}) {6}으로 이동하고, (node[9], key[8])을 인자로 searchNode를 재귀 호출한다.

6. (node[9])가 null이 아니므로({2}) {3}으로 이동한다.

7. (key[8] < node[9])가 true이므로({3}) {4}로 이동하고, (node[8], key[8])을 인자로 searchNode를 재귀 호출한다.

8. (node[8])이 null이 아니므로({2}) {3}으로 이동한다.

9. (key[8] < node[8])가 false이므로({3}) {5}로 이동한다.

10. (key[8] > node[8])가 false이므로({5}) {7}로 이동하고, node[8]이 찾는 키이므로 true를 반환한다.

11. 이후 메소드 스택은 팝업되고 실행이 종료된다.

노드 삭제

다음은 노드를 지우는 remove 메소드로, 이 책에서 가장 복잡한 로직이 담겨 있다.

```
this.remove = function(key){
    root = removeNode(root, key); // {1}
};
```

삭제할 노드의 키를 인자로 받고 안에서 다시 root와 key를 인자로 removeNode 메소드를 호출한다({1}). 여기서 removeNode의 반환 값을 root로 다시 세팅하는 것이 중요하다. 왜 그런지는 곧 알게 될 것이다.

이 메소드가 약간 골치 아픈 건 재귀 호출을 하는 동시에 상이한 경우의 수를 고려해야 하기 때문이다.

removeNode 메소드의 코드를 보자.

```
var removeNode = function(node, key){

    if (node === null){ // {2}
        return null;
    }
    if (key < node.key){ // {3}
```

```
        node.left = removeNode(node.left, key); // {4}
        return node; // {5}

    } else if (key > node.key){ // {6}
        node.right = removeNode(node.right, key); // {7}
        return node; // {8}

    } else { // key가 node.key와 같다.

        // 경우 #1 - 리프 노드
        if (node.left === null && node.right === null){ // {9}
            node = null; // {10}
            return node; // {11}
        }

        // 경우 #2 - 자식이 하나뿐인 노드
        if (node.left === null){ // {12}
            node = node.right; // {13}
            return node; // {14}

        } else if (node.right === null){ // {15}
            node = node.left; // {16}
            return node; // {17}
        }

        // 경우 #3 - 자식이 둘인 노드
        var aux = findMinNode(node.right); // {18}
        node.key = aux.key; // {19}
        node.right = removeNode(node.right, aux.key); // {20}
        return node; // {21}
    }
};
```

먼저 {2}를 보자. 노드가 null이면 이 트리에 해당 키는 없다는 뜻이므로 null을 반환한다.

null이 아니라면 다음 코드로 넘어가 트리에서 노드를 찾아야 한다. 찾는 키가 현재 노드의 키보다 작다면({3}) 트리의 좌측 간선을 따라 다음 노드로 이동하고({4}), 그 반대라면({6}) 트리의 우측 간선을 따라 다음 노드로 흘러간다({7}).

그 결과 어느 순간 키를 찾았다면(key == node.key라면), 다음 세 가지 경우에 따라 다른 처리를 해주어야 한다.

리프 노드인 경우

첫째, 자식 노드가 전혀 없는 리프 노드일 경우다({9}). 얼핏 보면 이 노드에 null 을 대입하면 간단히 끝날 것 같다({10}). 그러나 연결 리스트처럼 노드를 null로 만들어주는 것만으로 충분하지 않고 포인터에 신경 써서 처리해야 한다. 리프 노드는 자식 노드는 없지만 부모 노드는 있으므로, 부모 노드 또한 null로 만들어줘야 하는데, 이것은 null을 반환하면 그만이다({11}).

삭제할 노드는 이미 null이므로 이 노드를 가리키는 부모 노드의 포인터 역시 null이 되어야 맞을 것이다. 바로 이런 이유로 노드의 값을 함수에서 반환하는 것이며, 부모 노드는 이 반환 값을 건네받는다. 메소드 파라미터에 부모 노드를 함께 넘기는 방법으로 구현할 수도 있다.

어쨌든 다시 코드 앞으로 돌아가면 {4}와 {7}에서 노드의 좌/우측 포인터 값을 수정하고, {5}와 {8}에서 수정된 노드를 반환함을 알 수 있다.

다음 그림은 리프 노드의 삭제 과정을 나타낸 것이다.

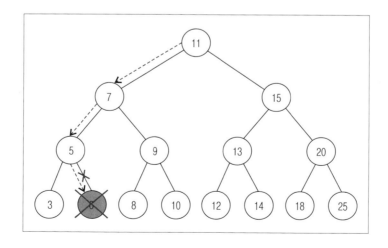

좌/우측 어느 한쪽에만 자식 노드가 있는 경우

둘째, 좌측 또는 우측 어느 한쪽에만 자식 노드를 갖고 있는 노드일 경우다. 이럴 때는 해당 노드를 건너뛰어 할아버지가 손주의 손을 직접 잡게 하면 된다.

좌측 자식 노드가 없음은({12}) 우측 자식 노드가 존재한다는 뜻이므로, 우측 자식 노드를 가리키도록 바꿔주고({13}) 수정된 노드를 반환한다({14}). 반대의 경우({15})에도 마찬가지 방법으로, 좌측 자식 노드를 가리키게 바꾸고({16}) 수정된 노드를 반환한다({17}).

다음 그림을 보면 삭제 과정을 이해하기 쉬울 것이다.

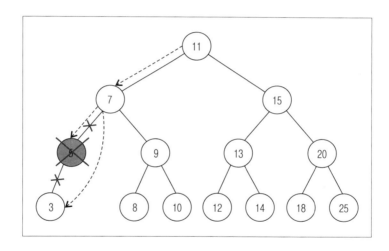

두 자식을 모두 가진 노드일 경우

셋째, 좌/우측 양편에 자식 노드가 모두 존재하는 경우로 가장 복잡한 케이스다. 자식 노드와 함께 삭제하려면 다음 네 단계를 거쳐야 한다.

1. 우측 서브트리(하위 노드, {18})로부터 최소 노드를 찾는다.
2. 이렇게 찾은 최소 노드의 값으로 수정한다({19}). 삭제할 노드의 키 자체가 교체되므로 결국 삭제되는 것이다.

3. 하지만 그 결과, 한 트리에 동일 키를 가진 노드가 중복되어 생기는 꼴이므로 있을 수 없는 일이다. 그래서 우측 서브트리의 최소 노드는 삭제해야 하는데, 이 노드를 2에서 삭제한 노드 위치로 옮겨가면 된다(⟨20⟩).

4. 마지막으로, 수정된 노드를 반환한다(⟨21⟩).

findMinNode 메소드는 min 메소드와 똑같은 기능인데, min은 키만, findMinNode는 노드 자체를 반환한다는 차이점이 있다.

조금 복잡하지만 다음 그림을 보면서 이해하려고 애써보자!

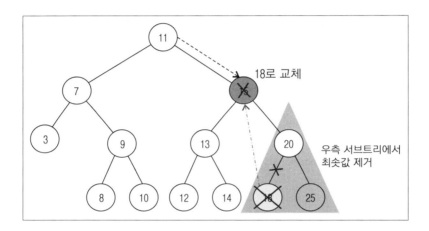

이진 트리 보충 내용

지금까지 학습한 내용을 바탕으로 BST에 관해 한 가지만 더 언급하고자 한다.

BST는 노드 개수에 따라 한쪽으로 아주 깊게 치우쳐 간선이 길게 늘어질 수 있다는 문제가 있다. 즉 다음 그림처럼 레벨이 높은 가지와 레벨이 낮은 가지가 공존하는 트리가 만들어질 수 있다.

이런 형태의 트리는 노드 추가/삭제 및 조회 시 간선에 따라 성능 문제가 발생할 수 있다. 그래서 **아델슨-벨스키와 랜디스의 트리** Adelson-Velskii and Landis' tree(**AVL 트리**)라는 대안이 만들어졌다. AVL 트리는 스스로 균형을 잡는_{self-balancing} BST 트리의 일종으로, 어떤 노드의 좌/우측 서브트리의 높이도 1 이상 차이가 나지 않도록 조정한다. 다시 말하면, 노드를 추가/삭제 시 가능한 한 완벽한 트리 모양을 자체적으로 유지하게끔 만들어주는 것이다.

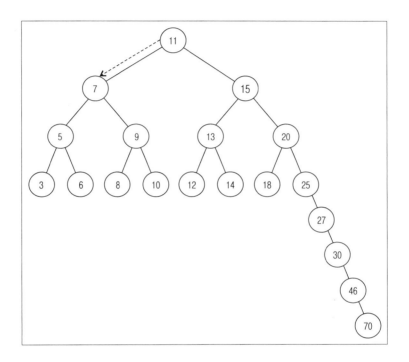

지면상 AVL 트리는 다루지 않겠지만, 예제 코드 부록의 chapter08 폴더 안에 소스 코드가 있으니 관심 있는 독자는 참고하기 바란다.

 이 외에도 이진 트리의 특별한 형태인 레드–블랙 트리(Red–Black tree)가 있다. 이 트리는 중위 순회 과정이 효율적이다(http://goo.gl/OxED8K). 힙 트리(Heap tree)도 참고하자 (http://goo.gl/SFIhW6).

정리

8장에서는 컴퓨터 과학에서 아주 널리 사용하는 자료 구조인 이진 탐색 트리의 개념과 이 트리에서 노드를 추가, 삭제, 조회하기 위한 알고리즘을 배웠다. 트리 노드를 방문하는 세 가지 순회 방식도 살펴봤다.

다음 장에서는 비선형 자료 구조인 그래프에 대해 공부한다.

9
그래프

9장의 주제는 비선형 자료 구조인 그래프다. 정렬과 검색 알고리즘을 배우기 전이 책에서 보게 될 마지막 자료 구조다.

다양하고 재미있는 그래프의 응용을 다루고자 많은 지면을 할애했다. 사실 그래프에 관해서는 다룰 내용이 너무 많아 따로 책을 한 권 내도 좋을 정도다.

그래프 용어

그래프graph는 네트워크 구조를 추상화한 모델로, **간선**edge으로 연결된 **노드**node(**정점**vertex)의 집합이다. 이진 관계binary relationship를 표현하는 그래프는 프로그래머라면 반드시 알아둬야 할 중요한 자료 구조다.

페이스북, 트위터, 구글 플러스 등의 소셜 네트워크도 그래프로 표시할 수 있다.

다음 그림처럼 도로, 항로, 통신을 나타낼 때도 그래프가 널리 활용된다.

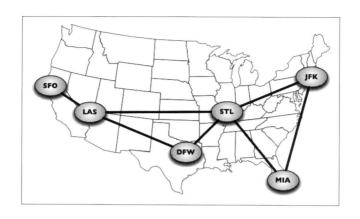

그래프의 수학적/기술적 개념부터 알아보자.

그래프 G = (V, E)는 두 가지로 구성된다.

- V: 정점의 집합
- E: V의 정점들을 연결한 간선의 집합

다음 그림은 그래프의 한 예다.

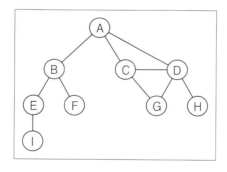

알고리즘을 구현하기 전 그래프 용어를 정의하자.

간선으로 연결된 정점을 **인접 정점**adjacent vertex이라 한다. 그림에서 A와 B, A와 D, A와 C는 모두 인접 정점이고, A와 E는 인접 정점이 아니다.

인접 정점의 개수를 정점의 **차수**degree라고 한다. A는 다른 세 정점과 연결되어 있으므로 A의 차수는 3, E는 2개의 정점과 이어져 있으므로 차수는 2이다.

경로path는 일련의 연속된 정점 v_1, v_2, ..., v_k(v_i와 v_{i+1}은 인접 정점)이다. 그림에서는 A B E I, A C D G 두 경로가 있다.

단순 경로simple path란 반복된 정점을 포함하지 않는 경로를 말한다. A D G가 단순 경로다. **사이클**cycle은 처음과 마지막 정점이 같은 단순 경로다. 이를테면 A D C A(다시 A로 돌아온다)는 사이클이다.

사이클이 없는 그래프를 **비사이클 그래프**acyclic graph라고 한다. 모든 정점 간에 경로가 존재할 때 그래프가 **연결되었다**connected고 한다.

방향/무방향 그래프

다음 그림처럼 간선들이 한쪽으로 방향을 가진 그래프를 **방향 그래프**directed graph라고 한다. 반대로 **무방향 그래프**undirected graph는 간선에 방향성이 없다.

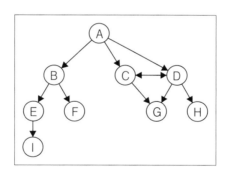

두 정점이 양방향으로 경로를 갖고 있을 때 **강결합되었다**strongly connected고 한다. 예를 들어 C와 D는 강결합되었고, A와 B는 강결합되지 않았다.

지금까지 살펴본 그래프는 **가중치가 없는 그래프**unweighted graph였는데, 다음 그림처럼 간선마다 **가중치가 있는 그래프**weighted graph도 있다.

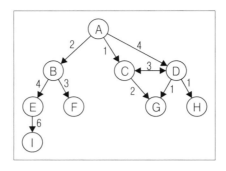

컴퓨터 과학에서는 그래프 이론을 응용해서 풀 수 있는 문제들이 많다. 그래프에서 특정한 정점, 간선, 경로(한 정점에서 다른 정점으로 연결된) 검색, 두 정점 간 최단 경로 찾기, 사이클 체크 등이 있다.

그래프 나타내기

그래프 자료 구조는 몇 가지 방법으로 나타낼 수 있는데, 어느 것이 정답이라고 할 수는 없고 문제의 성격과 그래프 유형에 따라 적절히 선택한다.

인접 행렬

가장 일반적인 표현 방법은 인접 행렬adjacency matrix로, 각 노드에 정수형의 배열 인덱스를 세팅한다. 그리고 정점 간 연결 상태는 2차원 배열의 값으로 표시하는데, 배열[i][j] === 1은 인덱스 i인 노드와 인덱스 j인 노드 사이에 간선이 존재함을 의미하며, 그 외에는 배열[i][j] === 0이다. 다음 그림을 참고하자.

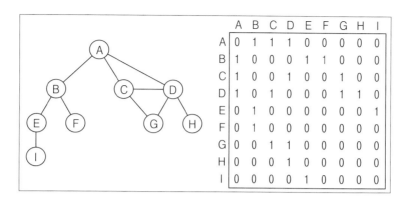

	A	B	C	D	E	F	G	H	I
A	0	1	1	1	0	0	0	0	0
B	1	0	0	0	1	1	0	0	0
C	1	0	0	1	0	0	1	0	0
D	1	0	1	0	0	0	1	1	0
E	0	1	0	0	0	0	0	0	1
F	0	1	0	0	0	0	0	0	0
G	0	0	1	1	0	0	0	0	0
H	0	0	0	1	0	0	0	0	0
I	0	0	0	0	1	0	0	0	0

강결합이 아닌 그래프(**스파스 그래프**sparse graph)의 인접 행렬에는 0이 아주 많을 것이다. 즉 존재하지도 않는 간선을 표시하기 위해 컴퓨터 메모리를 쓸데없이 많이 점유할 수 있다. 그래서 어떤 정점의 인접 정점을 찾을 때 이 정점에 이웃한 정점이 하나뿐인 경우에도 전체 행을 순회해야 하는 문제가 있다. 그래프의 정점 개수는 계속 변할 수 있는데다 2차원 배열 자체가 그리 유연한 구조가 아니므로 인접 행렬은 결코 효과적인 표현 방법이라고 할 수 없다.

인접 리스트

동적 그래프 자료 구조는 인접 리스트adjacency list로 표현한다. 인접 리스트는 각 정점별로 인접 정점들의 리스트를 저장하는데, 이를 자료 구조로 표현하는 방법은 리스트(배열), 연결 리스트, 해시 맵, 딕셔너리 중 어느 것을 채택하느냐에 따라 달라진다. 다음은 인접 리스트의 자료 구조를 나타낸 그림이다.

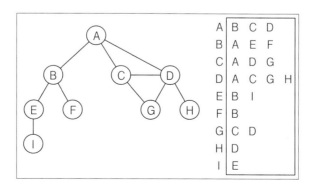

A	B	C	D	
B	A	E	F	
C	A	D	G	
D	A	C	G	H
E	B	I		
F	B			
G	C	D		
H	D			
I	E			

인접 행렬, 인접 리스트 둘 다 아주 유용한 표현 방법이지만 나름대로 장단점이 있다(예컨대, 두 정점의 인접 여부를 체크하는 경우는 인접 행렬이 훨씬 빠르다). 이 장의 예제는 모두 인접 리스트로 그래프를 나타낼 것이다.

근접 행렬

근접 행렬incidence matrix은 그래프의 정점을 행으로, 간선은 열로 표시하고, 두 정점 간 연결 상태는 2차원 배열로 나타내는 방법이다. 다음 그림처럼 배열[v][e] === 1 은 정점 v가 간선 e에 근접해 있음을 의미하며, 그 외에는 모두 배열[v][e] === 0 이다.

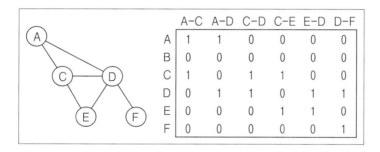

보통 정점보다 간선이 상대적으로 많은 그래프에서 저장 공간과 메모리를 절약하기 위해 사용한다.

Graph 클래스 만들기

지금까지 그래왔듯이 우선 클래스 골격을 스케치해보자.

```
function Graph() {
    var vertices = [];  // {1}
    var adjList = new Dictionary();  // {2}
}
```

정점의 명칭은 배열로({1}), 인접 리스트는 딕셔너리(7장 '딕셔너리와 해시'에서 구현한 클래스)로 각각 저장한다. 여기서 딕셔너리는 정점 명칭과 인접 정점 리스트를 키-값으로 갖는다. vertices 배열, adjList 딕셔너리 모두 Graph 클래스의 프라이빗 프로퍼티다.

자, 이제 그래프에 정점을 추가하는 메소드(그래프 인스턴스는 처음에는 빈 상태다)와 정점 간 간선을 추가하는 메소드를 잇달아 구현해보자. 먼저 정점을 추가하는 addVertex 메소드다.

```
this.addVertex = function(v){
    vertices.push(v); // {3}
    adjList.set(v, []); // {4}
};
```

인자로 받은 정점 v를 배열에 넣고({3}), 키가 v이고 값은 빈 배열인 딕셔너리를 인접 리스트로 세팅한다({4}).

다음은 간선을 추가하는 addEdge 메소드다.

```
this.addEdge = function(v, w){
    adjList.get(v).push(w); // {5}
    adjList.get(w).push(v); // {6}
};
```

v와 w, 두 정점을 인자로 받아, 우선 w를 v의 인접 리스트에 넣고 v → w 방향의 간선을 추가한다({5}). 방향 그래프라면 {5}만으로도 충분하지만, 이 책에서 다루는 그래프 예제는 모두 무방향 그래프이므로 w → v 방향의 간선도 추가해야 맞다({6}).

인접 리스트 배열은 이미 {4}에서 초기화됐으므로 원소를 바로 추가할 수 있다.

테스트 코드를 작성해보자.

```
var graph = new Graph();
var myVertices = ['A','B','C','D','E','F','G','H','I']; // {7}
for (var i=0; i<myVertices.length; i++){ // {8}
    graph.addVertex(myVertices[i]);
}
```

```
graph.addEdge('A', 'B'); // {9}
graph.addEdge('A', 'C');
graph.addEdge('A', 'D');
graph.addEdge('C', 'D');
graph.addEdge('C', 'G');
graph.addEdge('D', 'G');
graph.addEdge('D', 'H');
graph.addEdge('B', 'E');
graph.addEdge('B', 'F');
graph.addEdge('E', 'I');
```

편의상 그래프에 추가할 정점을 배열로 선언했고({7}), 이 myVertices 배열을 순회하면서 하나씩 그래프에 넣는다({8}). 그리고 이어서 간선도 추가한다({9}). 실행 결과, 앞서 보았던 형태의 그래프가 만들어진다.

어디까지나 개발 용도이지만, 다음 toString 메소드를 작성해서 콘솔에 그래프를 출력해보자.

```
this.toString = function(){
    var s = '';
    for (var i=0; i<vertices.length; i++){ // {10}
        s += vertices[i] + ' -> ';
        var neighbors = adjList.get(vertices[i]); // {11}
        for (var j=0; j<neighbors.length; j++){ // {12}
            s += neighbors[j] + ' ';
        }
        s += '\n'; // {13}
    }
    return s;
};
```

인접 리스트를 문자열로 바꾸는 메소드다. vertices 배열을 순회하면서({10}) 정점의 명칭을 결과 문자열(s)에 이어 붙인다. 다음으로 해당 정점의 인접 리스트를 조회하고({11}) 이 리스트를 내부에서 다시 순회하면서({12}) 인접 정점의 명칭을 추출, 결과 문자열에 계속 이어 붙인다. 중첩된 루프를 벗어날 때마다 개행 문자를 더해서({13}) 출력 결과가 깔끔하게 표시되도록 다듬는다.

테스트해보자.

```
console.log(graph.toString());
```

실행 결과는 다음과 같다.

```
A -> B C D
B -> A E F
C -> A D G
D -> A C G H
E -> B I
F -> B
G -> C D
H -> D
I -> E
```

정점, 인접 리스트 정보가 깔끔하게 잘 표시됐다! 이 출력 결과로부터 정점 A에 B, C, D 3개의 정점이 인접해 있음을 쉽게 알 수 있다.

그래프 순회

트리처럼 그래프 역시 각 정점을 방문할 수 있다. 이러한 순회 알고리즘으로 **너비 우선 탐색**BFS, breadth-first search과 **깊이 우선 탐색**DFS, depth-first search, 두 가지가 있다. 어떤 정점, 또는 두 정점 사이의 경로를 찾거나 그래프가 연결됐는지, 사이클이 존재하는지 등을 확인할 때 그래프를 순회한다.

알고리즘을 구현하기 전에 그래프 순회 알고리즘의 기본적인 아이디어를 이해하자.

그래프 순회는 처음 정점을 방문한 이후 아직 탐사할 정점이 남아 있는지 계속 추적하는 일이다. BFS, DFS 모두 최초로 방문할 정점을 신중히 결정해야 한다.

한 정점을 완전히 탐사하려면 이 정점에 연결된 간선들을 잘 살펴야 한다. 간선을 따라가면서 아직 방문하지 않은 정점은 '방문 대상'으로 표시하고 방문객 리스트에 추가한다.

효율적인 알고리즘이라면 더 이상 방문할 곳이 없을 때 각 정점은 많아야 두 번 방문한 것이 되어야 한다. 연결된 그래프에서 간선과 정점을 전부 방문할 것이다.

BFS와 DFS 두 알고리즘 모두 기본 원리는 같지만, 방문을 마친 정점의 리스트를 저장하는 자료 구조가 다르다.

알고리즘	자료 구조	설명
DFS	스택	정점을 스택(3장 '스택')에 저장함으로써 경로를 따라 정점을 찾아가면서 인접 정점이 있으면 방문한다.
BFS	큐	정점을 큐(4장 '큐')에 저장함으로써 가장 오래전에 방문하지 않은 정점을 가장 먼저 방문한다.

이미 방문한 정점은 다음 세 가지 색깔로 상태를 표시한다.

● **흰색**: 아직 방문하지 않은 정점

● **회색**: 방문은 했으나 탐색하지 않은 정점

● **흑색**: 탐색을 마친 정점

다시 한 번 말하지만, 정점당 방문 횟수는 2회를 초과하면 안 된다.

너비 우선 탐색(BFS)

BFS 알고리즘은 시작 정점에서 순회를 시작해 그래프를 한 번에 한 층씩, 우선 이웃한 정점(인접 정점)들을 모두 방문한다. 즉 다음 그림처럼 일단 너비 방향으로 먼저 방문하고, 그 다음 깊이 방향으로 내려간다.

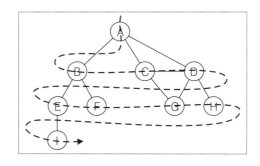

시작 정점 v에 대해 BFS 알고리즘의 진행 과정을 살펴보자.

1. 큐 Q를 생성한다.

2. v를 '방문했음'(회색)으로 표시하고 Q에 v를 추가한다.

3. Q는 비어 있지 않으므로 다음 과정을 밟는다.

    ① u를 Q에서 삭제한다.

    ② u를 '방문했음'(회색)으로 표시한다.

    ③ u의 '방문하지 않은'(흰색) 모든 인접 정점을 Q에 넣는다.

    ④ u를 '탐색했음'(흑색)으로 표시한다.

다음은 BFS의 구현 코드다.

```javascript
var initializeColor = function(){
    var color = [];
    for (var i=0; i<vertices.length; i++){
        color[vertices[i]] = 'white';      // {1}
    }
    return color;
};


this.bfs = function(v, callback){

    var color = initializeColor(),      // {2}
        queue = new Queue();            // {3}
    queue.enqueue(v);                   // {4}

    while (!queue.isEmpty()){           // {5}
        var u = queue.dequeue(),        // {6}
            neighbors = adjList.get(u); // {7}
        color[u] = 'grey';                              // {8}
        for (var i=0; i<neighbors.length; i++){         // {9}
            var w = neighbors[i];                       // {10}
            if (color[w] === 'white'){                  // {11}
                color[w] = 'grey';                      // {12}
                queue.enqueue(w);                       // {13}
            }
```

```
        }
        color[u] = 'black';   // {14}
        if (callback) {       // {15}
            callback(u);
        }
    }
};
```

BFS, DFS 모두 방문을 마친 정점을 표시하기 위해 color라는 헬퍼 배열을 선언
한다. 처음에 모든 정점은 '방문하지 않은' 상태이므로({1}), 색깔을 흰색으로 초기
화하는 헬퍼 함수 initializeColor를 정의한다.

자, BFS 알고리즘은 이제부터다. 먼저 initializeColor 함수를 호출하고({2}),
방문/탐색 정점을 저장할 Queue 인스턴스도 생성한다({3}).

이 장의 앞에서 설명했던 것처럼, bfs 메소드는 알고리즘의 출발 지점이 될 시작
정점 v를 인자로 받아 큐에 넣는다({4}).

큐가 비어 있지 않다면({5}) 큐에서 맨 앞의 정점을 꺼내어({6}), 이 정점의 인접
리스트를 가져온다({7}). 그리고 이 정점은 이미 '방문했음'이므로 색깔은 grey로
표시한다(하지만 아직 탐색이 끝나지는 않았다).

u의 인접 리스트를 순회하면서({9}) 추출한 각 인접 정점(정점 명칭, {10})에 대해 아
직 방문하지 않은 상태라면({11}, 색깔이 white라면) '방문했음'으로 표시하고({12},
색깔은 grey로 바꾼다) 큐에 추가한다({13}). 차후 이 정점의 탐색이 끝나면 이 큐에
서 삭제될 것이다.

해당 정점과 그 인접 정점 모두 확인이 끝나면 '탐색했음'으로 표시한다({14},
black으로 바꾼다).

bfs는 콜백 함수도 받을 수 있다(8장 '트리'에서 그랬던 것처럼). 물론 어디까지나 선
택사항이지만, callback 함수({15})를 잘 쓰면 뭔가 유용한 일을 시킬 수 있을 것
같다.

이를테면 다음 코드처럼 말이다.

```
function printNode(value){ // {16}
    console.log('탐색한 정점: ' + value); // {17}
}
graph.bfs(myVertices[0], printNode); // {18}
```

브라우저 콘솔창에 탐색을 완료한 정점의 명칭을 단순히 출력하는 기능({17})의
함수다({16}). 이제 bfs에 시작 정점(A, 이 장 앞에서 선언한 myVertices 배열의 원소임)
과 callback 함수를 넣고 호출해보자. 실행 결과는 다음과 같이 표시될 것이다.

```
탐색한 정점: A
탐색한 정점: B
탐색한 정점: C
탐색한 정점: D
탐색한 정점: E
탐색한 정점: F
탐색한 정점: G
탐색한 정점: H
탐색한 정점: I
```

결과를 보니, 탐색 순서가 본 절 도입부의 그림과 같다.

BFS로 최단 경로 찾기

지금까지 BFS 알고리즘의 로직을 알아봤는데, 탐색이 끝난 정점을 단순히 나열하
는 것 말고도 실제로 응용할 수 있는 분야가 참 많다.

일례로, 그래프 G의 시작 정점이 v일 때, v와 u 간 최단 경로를 따라 v에서 각 정점
u I G까지의 거리(간선 개수)를 구해보자.

BFS 알고리즘으로 정점 v에서 거리가 1인 모든 정점을 방문한 다음, 거리가 2인
모든 정점을 방문하는 식으로 해결할 수 있다. 다만, 다음 정보가 추가적으로 필요
하므로 bfs 메소드를 약간 다듬어야 한다.

- v에서 u까지의 거리: d[u]

- v에서 다른 모든 정점 u까지의 최단 경로를 계산하기 위한 선행자predecessor:
  pred[u]

다음은 수정한 bfs 메소드다.

```javascript
this.BFS = function(v){

    var color = initializeColor(),
        queue = new Queue(),
        d = [],     // {1}
        pred = []; // {2}
    queue.enqueue(v);

    for (var i=0; i<vertices.length; i++){     // {3}
        d[vertices[i]] = 0;                     // {4}
        pred[vertices[i]] = null;               // {5}
    }

    while (!queue.isEmpty()){
        var u = queue.dequeue(),
            neighbors = adjList.get(u);
        color[u] = 'grey';
        for (i=0; i<neighbors.length; i++){
            var w = neighbors[i];
            if (color[w] === 'white'){
                color[w] = 'grey';
                d[w] = d[u] + 1; // {6}
                pred[w] = u;      // {7}
                queue.enqueue(w);
            }
        }
        color[u] = 'black';
    }
    return { // {8}
        distances: d,
        predecessors: pred
    };
};
```

달라진 부분이 어디인지 보이는가?

부록에는 앞서 작성한 bfs와 수정된 BFS, 두 버전의 메소드가 모두 수록되어 있다.

거리를 나타내는 배열 d와({1}), 선행자를 나타내는 배열 pred를({2}) 차례로 선언한다. 그리고 그래프의 모든 정점에 대해 d는 0({4})으로, pred는 null로({5}) 각각 초기화한다({3}).

정점 u의 인접 정점 w를 발견하면 w의 선행자를 u로 세팅하고({7}), v와 w 사이의 거리를 1만큼 증가시킨다({6}, u는 w의 선행자이므로 d[u]는 계산된 값이다).

끝으로 d와 pred를 객체로 반환한다({8}).

이제 BFS 메소드를 재실행해 반환 값을 변수에 담자.

```
var shortestPathA = graph.BFS(myVertices[0]);
console.log(shortestPathA);
```

시작 정점이 A이므로 콘솔에는 다음과 같이 출력될 것이다.

```
distances: [A: 0, B: 1, C: 1, D: 1, E: 2, F: 2, G: 2, H: 2, I: 3],
predecessors: [A: null, B: "A", C: "A", D: "A", E: "B", F: "B", G:
"C", H: "D", I: "E"]
```

여기서 A에서 B, C, D까지의 거리는 1, E, F, G, H까지의 거리는 2, I까지의 거리는 3이라는 사실을 알 수 있다.

선행자 배열을 갖고 다음 코드를 돌려보면 정점 A에서 다른 정점들까지의 경로를 구할 수 있다.

```
var fromVertex = myVertices[0];           // {9}
for (var i=1; i<myVertices.length; i++){ // {10}
  var toVertex = myVertices[i],          // {11}
    path = new Stack();                  // {12}
  for (var v=toVertex; v!== fromVertex;
      v=shortestPathA.predecessors[v]) { // {13}
    path.push(v);                        // {14}
  }
```

```
    path.push(fromVertex);        // {15}
    var s = path.pop();           // {16}
    while (!path.isEmpty()){       // {17}
        s += ' - ' + path.pop(); // {18}
    }
    console.log(s); // {19}
}
```

시작 정점은 A이다({9}). A를 제외한 다른 모든 정점에 대해({10}) A로부터의 거리를 계산할 것이다. 루프의 현재 정점을 toVertex에 담고({11}) 경로를 저장할 스택을 생성한다({12}).

그리고 toVertex → fromVertex 방향으로 경로를 따라간다({13}). v에는 자신의 선행자가 세팅되므로 똑같은 경로를 다시 되돌아갈 수 있다. 이제 v를 경로 스택에 추가한다({14}). 마지막으로, 경로를 완성하기 위해 시작 정점 역시 스택에 넣는다({15}).

여기까지 다 했다면 문자열 변수 s를 선언하고 시작 정점을 꺼내 할당한다({16}, 가장 마지막으로 스택에 들어간 원소가 시작 정점이므로 가장 먼저 나온다). 스택이 텅 빌 때까지({17}), 스택에서 원소를 꺼내 s 끝에 이어 붙인다({18}). 이제 콘솔창에 무슨 값이 나오는지 보자({19}).

실행 결과는 다음과 같다.

```
A - B
A - C
A - D
A - B - E
A - B - F
A - C - G
A - D - H
A - B - E - I
```

A에서 기타 정점들까지의 최단 경로(간선 개수)가 정확히 계산됐음을 알 수 있다.

최단 경로 알고리즘 관련 보충 내용

지금까지 제시한 예제 그래프에는 가중치가 따로 없었다. 가중치 그래프weighted graph에서 최단 경로를 계산할 때는(이를테면, 도시 A와 도시 B 사이의 최단 경로를 찾는 것으로 GPS나 구글 맵Google Maps에서 실제로 쓰인다) BFS는 무용지물이다.

그래서 몇 가지 알고리즘이 고안됐다. 단일 소스single-source 최단 경로 문제는 **다익 스트라 알고리즘**Dijkstra's algorithm, 간선 가중치가 음의 값일 경우의 단일 소스 문제는 **벨만-포드 알고리즘**Bellman-Ford algorithm을 각각 사용한다. 검색 속도를 빠르게 하려고 휴리스틱heuristics을 이용해 정점의 단일 쌍에 대한 최단 경로를 찾는 **A* 검색 알고리즘**A* search algorithm도 있으며, 모든 정점 간의 최단 경로를 찾는 **플로이드-워셜 알고리즘**Floyd-Warshall algorithm도 있다.

이 장을 시작하면서도 이야기했지만, 그래프는 다루기가 매우 광범위한 주제이고 최단 경로 문제만 해도 여러 가지 해법과 변형이 있다. 그 모든 알고리즘을 공부하기 전에 우선 여러분은 이 책에서 소개한 그래프의 기본 개념에 충실하기 바란다. 기본 개념만 충실하다면 그 밖의 알고리즘도 얼마든지 스스로 학습이 가능하다.

깊이 우선 탐색(DFS)

DFS 알고리즘은 시작 정점에서 출발해 동일 경로의 마지막 정점까지 순회하고 다시 반대 방향으로 돌아와 다음 경로를 찾아가는 식으로 진행된다. 한마디로, 다음 그림처럼 일단 깊이 방향으로 정점들을 방문한 후 너비 방향으로 움직인다.

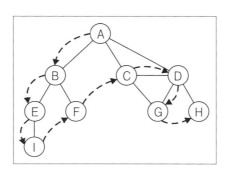

DFS에서는 시작 정점이 필요 없다. 그래프 G에서 미방문 상태의 정점 v를 차례로 방문한다.

방문 절차는 다음과 같다.

1. v를 '방문했음'(회색)으로 표시한다.

2. '방문하지 않은'(흰색) v의 인접 정점 w에 대해

　　① 정점 w를 방문한다.

3. v를 '탐색했음'(흑색)으로 표시한다.

여러분도 짐작하겠지만 DFS는 단계별로 재귀 호출을 하며 그때그때 스택에 저장한다(재귀 호출을 하면 스택이 생성된다).

다음은 DFS 알고리즘을 구현한 코드다.

```
this.dfs = function(callback){
   var color = initializeColor(); // {1}

   for (var i=0; i<vertices.length; i++){          // {2}
      if (color[vertices[i]] === 'white'){         // {3}
         dfsVisit(vertices[i], color, callback); // {4}
      }
   }
};

var dfsVisit = function(u, color, callback){
   color[u] = 'grey'; // {5}
   if (callback) {      // {6}
      callback(u);
   }
   var neighbors = adjList.get(u);               // {7}
   for (var i=0; i<neighbors.length; i++){       // {8}
      var w = neighbors[i];                      // {9}
      if (color[w] === 'white'){                 // {10}
         dfsVisit(w, color, callback);           // {11}
      }
   }
}
```

```
    color[u] = 'black'; // {12}
};
```

BFS와 마찬가지로, 모든 정점의 색깔을 white로 초기화한다({1}). 그리고 Graph 인스턴스의 방문하지 않은 정점에 대해 루프를 돌며({2}, {3}) 프라이빗 함수 dfsVisit을 호출하는데, 정점과 color 배열, callback 함수를 인자로 전달한다 ({4}).

정점 u를 방문했으니 '방문했음'으로 표시하고({5}, grey), 방문한 정점을 출력하는 callback 함수를 실행한다({6}). 그 다음 u의 인접 리스트를 조회하고({7}), 방문하지 않은({10}과 {8}, white) u의 인접 정점 w에 대해({9}) dfsVisit 함수를 재귀 호출하면서 w와 기타 인자를 넘긴다({11}, 정점 w를 다음에 방문할 수 있게 스택에 추가한다). 해당 정점과 인접 정점을 깊이 방향으로 모두 방문한 후에는 탐사가 모두 끝났으니 **백트랙**backtrack하고, 색깔은 black으로 표시한다({12}).

dfs 메소드를 테스트해보자.

```
graph.dfs(printNode);
```

결과는 다음과 같다.

```
탐색한 정점: A
탐색한 정점: B
탐색한 정점: E
탐색한 정점: I
탐색한 정점: F
탐색한 정점: C
탐색한 정점: D
탐색한 정점: G
탐색한 정점: H
```

역시 결과가 앞 그림과 일치함을 알 수 있다. 다음 그림은 DFS 알고리즘으로 탐색이 이루어지는 과정을 단계별로 나타낸 것이다.

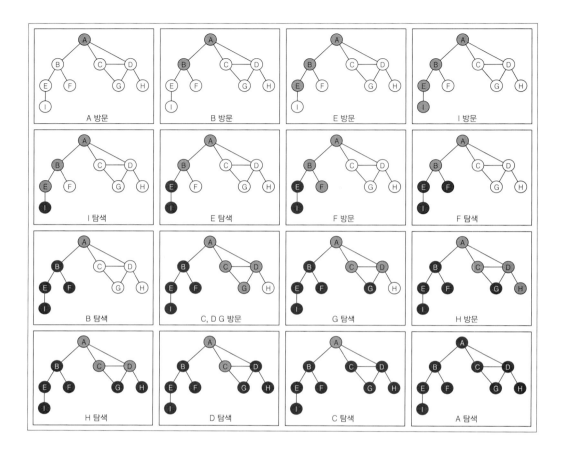

예제 코드의 {4}가 딱 한 번 실행되는 이유는 다른 정점들이 dfsVisit 함수를 처음 호출한 정점(A)과 연결되어 있기 때문이다. B가 시작 정점이라면 다른 정점(A)에 대해 한 번 더 실행될 것이다.

DFS 알고리즘 탐구

탐색이 끝난 정점을 단순히 나열하는 것 말고도 다른 식으로 응용해볼 수 있다.

DFS 알고리즘은 그래프 G의 모든 정점을 순회하면서 시작 정점(**루트**root) 집합과 함께 포레스트forest(**루트 트리**rooted tree의 집합)를 형성하고, 방문 시간과 탐색 시간을 배열로 출력한다. dfs 메소드가 다음 정보를 추가로 반환하도록 고쳐보자.

- u의 방문 시간: d[u]

- u의 탐색 시간: f[u]

- u의 선행자: p[u]

이렇게 개선한 DFS 메소드의 코드는 다음과 같다.

```javascript
var time = 0; // {1}
this.DFS = function(){
    var color = initializeColor(), // {2}
        d = [],
        f = [],
        p = [];
    time = 0;

    for (var i=0; i<vertices.length; i++){ // {3}
        f[vertices[i]] = 0;
        d[vertices[i]] = 0;
        p[vertices[i]] = null;
    }
    for (i=0; i<vertices.length; i++){
        if (color[vertices[i]] === 'white'){
            DFSVisit(vertices[i], color, d, f, p);
        }
    }
    return { // {4}
        discovery: d,
        finished: f,
        predecessors: p
    };
};

var DFSVisit = function(u, color, d, f, p){
    console.log('방문 ' + u);
    color[u] = 'grey';
    d[u] = ++time; // {5}
    var neighbors = adjList.get(u);
    for (var i=0; i<neighbors.length; i++){
        var w = neighbors[i];
        if (color[w] === 'white'){
```

```
        p[w] = u; // {6}
        DFSVisit(w,color, d, f, p);
    }
  }
  color[u] = 'black';
  f[u] = ++time; // {7}
  console.log('탐색 ' + u);
};
```

방문 시간과 탐색 시간을 추적하기 위함이니 시간을 나타내는 변수를 선언한다
({1}). 자바스크립트에서 객체가 아닌 변수는 다른 메소드에 레퍼런스로 전달할 수
없으므로 시간을 인자로 넘길 수 없다(변수를 레퍼런스로 넘긴다는 건 다른 메소드 내부
에서 변수 값을 바꾸면 원래 변수 값도 함께 바뀐다는 말이다). 그리고 d, f, p 배열을 선언
하고({2}), 그래프의 모든 정점에 대해 배열 값을 초기화한다({3}). 이 세 배열은 메
소드 끝에서 다시 쓸 수 있게 반환할 것이다({4}).

정점 방문 시, 방문 시간을 기록한다({5}). u와 연결된 간선을 타고 방문한 것이라
면 선행자 역시 추적한다({6}). 탐색이 끝나면 탐색 시간을 기록한다({7}).

DFS 알고리즘의 기본적인 아이디어는 무엇일까? 가장 최근에 방문한 정점 u에서
부터 간선(아직 방문 전인 것들만)들이 탐색된다. u의 간선을 전부 탐색하고 나서야
다른 간선을 탐색하기 위해 백트랙한다. 이러한 과정은 원래의 시작 정점으로부터
닿을 수 있는 모든 정점을 다 방문할 때까지 반복된다. 방문하지 않은 정점이 하나
라도 있으면 새로운 시작 정점을 기준으로 동일한 과정을 되풀이한다. 결국 그래
프의 정점들을 전부 다 탐색할 때까지 알고리즘은 반복되는 것이다.

이 알고리즘은 다음 두 가지를 고려해 개선할 수 있다.

- time 변수는 그래프 정점 개수의 1배~2배($2|V|$) 값을 가질 수 있다.
- 모든 정점 u에 대해 d[u] < f[u]이다(즉 방문 시간은 탐색 시간, 다시 말해 모든 정점
  의 탐색이 완료될 때까지의 시간보다 작다).

이를 토대로 다음 규칙을 유도할 수 있다.

$$1 \le d[u] < f[u] \le 2|V|$$

이렇게 고친 DFS 메소드를 실행해보면 다음 그림과 같이 정점별로 방문/탐색 시간을 조회할 수 있다.

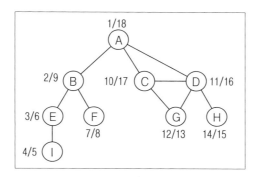

이렇게 조회한 시간 데이터는 어떻게 활용할 것인가? 다음 절에서 나온다.

DFS를 이용한 위상 정렬

다음 그래프에서 각 정점이 여러분이 해야 할 업무라고 해보자.

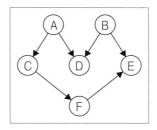

 이 그림은 방향 그래프로, 업무 수행 순서가 이미 정해져 있다. 예를 들어, F는 A보다 먼저 수행할 수 없다. 사이클이 없으므로 비사이클 그래프다. 이처럼 방향과 비사이클, 두 가지 특징을 모두 가진 그래프를 방향성 비사이클 그래프(DAG, directed acyclic graph)라고 한다.

어떤 업무나 작업의 실행 순서를 정하는 것을 **위상 정렬**topological sorting(줄여서 'topsort'나 'toposort'라고도 한다)이라고 한다. 실생활에서 여러 가지 시나리오를 찾아볼 수 있다. 가령, 대학교에서 컴퓨터 과학 과목을 수강하려고 하면 선수 과목이 요강에 명시된 경우가 그렇다(알고리즘 I 수업을 수강한 이후에 알고리즘 II 수업을 들을 수 있다). 개발 프로젝트에서도 순서대로 진행해야 할 일들이 있다. 이를테면, 고객의 요구사항 분석이 완료돼야 그들이 원하는 시스템을 개발하고 검수 요청을 할 수 있을 것이다. 요건이 뭔지도 모르고 곧바로 개발 및 검수 요청을 할 수는 없다.

위상 정렬은 그래프 중 DAG에만 적용 가능하다. 앞서 살펴봤던 그래프에 DFS 알고리즘을 적용해 위상 정렬을 하는 방법을 알아보자.

```
graph = new Graph();
myVertices = ['A','B','C','D','E','F'];
for (i=0; i<myVertices.length; i++){
   graph.addVertex(myVertices[i]);
}
graph.addEdge('A', 'C');
graph.addEdge('A', 'D');
graph.addEdge('B', 'D');
graph.addEdge('B', 'E');
graph.addEdge('C', 'F');
graph.addEdge('F', 'E');
var result = graph.DFS();
```

코드를 실행하면 그래프 생성 후 간선을 적용하고, 개선된 DFS 알고리즘의 수행 결과를 result 변수에 저장한다. 다음 그림은 DFS 적용 후 그래프의 발견 및 탐색 시간이다.

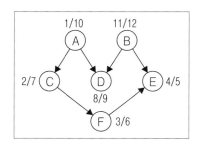

탐색 시간을 내림차순으로 나열한 것이 이 그래프의 위상 정렬 결과다.

```
B - A - D - C - F - E
```

이 위상 정렬은 많은 경우의 수 중 하나에 불과하다. 알고리즘을 약간만 고쳐도 다음처럼 전혀 다른 위상 정렬 결과가 나올 수도 있다.

```
A - B - C - D - F - E
```

정리

9장에서는 그래프의 기본 개념을 다루었다. 그래프 자료 구조를 표현하는 여러 가지 방법과 인접 리스트를 이용한 알고리즘으로 그래프를 구현해봤다. BFS, DFS 알고리즘으로 그래프를 순회하는 방법과 이 둘을 응용해 최단 경로를 찾고(BFS) 위상 정렬을 하는(DFS) 방법까지 살펴봤다.

다음 장에서는 컴퓨터 과학에서 가장 빈번하게 쓰이는 정렬/검색 알고리즘을 공부한다.

10

정렬과 검색 알고리즘

번호가 하나도 정렬되어 있지 않은 전화번호부(또는 수첩)가 있다고 하자. 새 연락처는 맨 뒷장을 넘겨 빈칸에 써넣으면 되겠지만, 연락처가 무진장 늘어난다면? 정렬이 안 되어 있으니 연락처 하나 찾으려면 온종일 진땀을 빼면서 전화번호부를 뒤적거려야 할 것이다. 당연하지 않은가? 만약 한국통신에서 발간한 전화번호부 책자가 이런 식이라면 평생을 다 바쳐도 연락처를 검색하기 어려울지 모른다.

그래서 자료 구조에 저장된 정보 집합은 잘 정돈해야 한다. 정렬과 검색 알고리즘은 우리의 일상생활에서 맞닥뜨리는 문제들을 직접적으로 해결한다. 그중에서 일반적으로 많이 쓰이는 정렬/검색 알고리즘을 10장에서 알아본다.

정렬 알고리즘

정렬의 필요성에 대해서는 도입부에서 충분히 공감했으리라 본다. 먼저, 컴퓨터 과학에서 검증된 일반적인 정렬 알고리즘부터 살펴보자. 느린 알고리즘부터 빠른 알고리즘 순서로 소개할 것이다.

우선, 다음과 같이 ArrayList(리스트)를 정의하고 정렬/검색 대상 데이터를 저장한다.

```
function ArrayList(){

   var array = []; // {1}

   this.insert = function(item){ // {2}
      array.push(item);
   };

   this.toString= function(){ // {3}
      return array.join();
   };
}
```

보다시피 ArrayList는 원소를 내부 배열에 저장하는, 단순한 자료 구조다({1}). 2장 '배열'에서 설명한 대로 자바스크립트 Array.push 메소드를 사용해 원소를 삽입하는 insert 메소드를 구현한다({2}). 그리고 결과 확인을 위해 toString 메소드도 작성했는데({3}), 역시 Array.join 메소드로 배열의 전체 원소를 문자열 하나로 합쳐 브라우저 콘솔창에 출력한다.

 join 메소드는 배열 원소를 모두 하나의 문자열로 합친 후 이 문자열을 반환한다.

ArrayList 클래스는 원소를 삭제하거나 특정 위치에 원소를 삽입하는 기능은 빠졌다. 정렬/검색 알고리즘에 집중하기 위해 의도적으로 단순하게 만든 것이다. 관련 메소드는 나중에 이 클래스에 하나씩 추가할 예정이다.

버블 정렬

버블 정렬bubble sort은 정렬 알고리즘 중에서 가장 단순하기 때문에 언제나 1번 타자다. 그러나 단순한 만큼 실행 시간은 최악이다.

버블 정렬은 인접한 두 원소를 모두 다 비교하고 그 결과에 따라 두 원소의 위치를 서로 바꾼다. 원소가 정렬돼가는 모습이 마치 수면 위로 떠오르는 거품(버블) 같다고 하여 버블 정렬이란 이름이 붙었다.

다음은 버블 정렬 알고리즘을 구현한 코드다.

```
this.bubbleSort = function(){
    var length = array.length;          // {1}
    for (var i=0; i<length; i++){       // {2}
        for (var j=0; j<length-1; j++ ){ // {3}
            if (array[j] > array[j+1]){  // {4}
                swap(j, j+1);            // {5}
            }
        }
    }
};
```

length 변수는 array 배열의 크기를 가리킨다({1}). {2}, {3}의 반복문에서 array 크기를 조회할 때 성능상 이점이 있지만 꼭 필요한 변수는 아니다. 바깥쪽 루프 ({2})에서 첫 번째 원소부터 마지막 원소까지 순회한다(총 순회 횟수는 배열 크기와 동일하므로 배열 원소 하나당 한 번씩 들른다). 그리고 안쪽 루프({3})는 첫 번째 원소부터 끝에서 두 번째 원소까지 순회하면서 현재 원소와 그 다음 원소를 비교한다({4}). 이 두 원소가 정렬되어 있지 않다면(현재 원소가 다음 원소보다 크면), 위치를 서로 바꾼다({5}). j+1 원소와 j 원소를 교환swap하는 것이다.

교환 기능을 전담할 swap 함수를 다음과 같이 작성하자(ArrayList 내부에서만 사용 가능한 프라이빗 함수다).

```
var swap = function(index1, index2){
    var aux = array[index1];
    array[index1] = array[index2];
    array[index2] = aux;
};
```

이 함수를 별도로 정의한 이유는 여타 정렬 알고리즘에서도 같이 사용할 수 있기 때문이다. 교환을 하기 직전 한쪽 원소 값을 담아둘 임시 변수가 필요하다.

실제 버블 정렬이 일어나는 과정은 다음 그림을 참고하자.

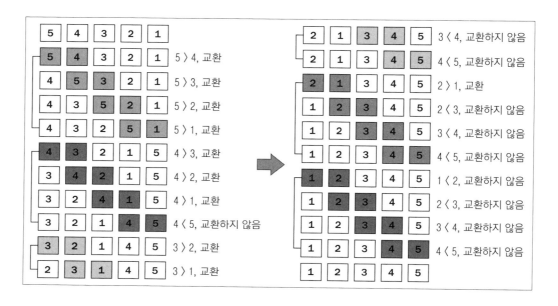

좌측에 묶음 표시를 한 것이 바깥쪽 루프({2})의 한 턴에 해당하며, 안쪽 루프({3}) 에서는 두 인접 원소 간 비교를 한다.

버블 정렬 알고리즘이 잘 구현됐는지 테스트해보자.

```
function createNonSortedArray(size){ // {6}
    var array = new ArrayList();
    for (var i = size; i> 0; i--){
        array.insert(i);
    }
    return array;
}

var array = createNonSortedArray(5); // {7}
console.log(array.toString());       // {8}
array.bubbleSort();                  // {9}
console.log(array.toString());       // {10}
```

테스트하기 전에, 크기를 인자로 받아 정렬되지 않은 배열을 만들어줄 createNonSortedArray 함수를 사용한다(({6})). 인자가 5이면 [5, 4, 3, 2, 1] 배열이 생성될 것이다. 이렇게 ArrayList의 인스턴스를 생성하고 array 변수에 정렬할 값들을 담아둔다(({7})). 정렬 전 모습을 확인차 콘솔에 출력해보자(({8})). 그리고 버블 정렬 메소드를 호출한 후(({9})), 다시 한 번 콘솔을 통해 어떤 변화가 있었는지, 정렬이 제대로 됐는지 확인한다(({10})).

 ArrayList 클래스의 전체 소스 코드와 테스트 코드(추가 주석 포함)는 에이콘출판사 홈페이지, 또는 깃허브 저장소에서 내려받아 확인하기 바란다.

버블 정렬 알고리즘에서 바깥쪽 루프를 두 번째 반복할 때(그림에서는 두 번째 묶음이다), 숫자 4, 5는 이미 정렬이 끝난 상태다. 그래서 사실 굳이 비교할 필요가 없음에도 버블 정렬은 일일이 모든 원소를 비교한다. 좀 더 효율적으로 개선할 여지가 있다.

개선된 버블 정렬

안쪽 루프에서 바깥쪽 루프의 반복 횟수를 차감하면 불필요한 비교 작업이 준다(({1})).

```
this.modifiedBubbleSort = function(){
    var length = array.length;
    for (var i=0; i<length; i++){
        for (var j=0; j<length-1-i; j++ ){ // {1}
            if (array[j] > array[j+1]){
                swap(j, j+1);
            }
        }
    }
};
```

다음 그림을 보면 개선된 부분을 알 수 있을 것이다.

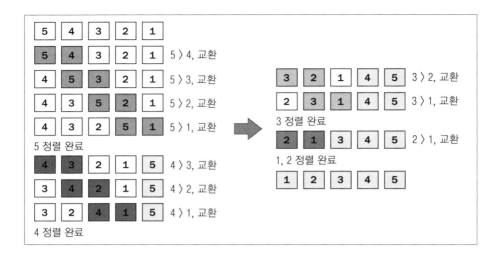

 이미 정렬된 숫자들은 비교하지 않았다. 처음 버블 정렬보다 약간 개선은 됐지만, 복잡도가 O(n²)이므로 여전히 권장할 수준의 알고리즘은 아니다.

O 표기법big O notation은 다음 장에서 설명한다.

선택 정렬

선택 정렬selection sort은 제자리in-place 정렬 알고리즘의 하나로, 최솟값을 찾아 맨 앞으로 보내고, 그 다음으로 작은 값을 찾아 2번째 위치로 보내는 식으로 정렬한다.

알고리즘을 구현한 코드를 보자.

```
this.selectionSort = function(){
    var length = array.length,          // {1}
        indexMin;
    for (var i=0; i<length-1; i++){      // {2}
        indexMin = i;                    // {3}
        for (var j=i; j<length; j++){    // {4}
            if(array[indexMin]>array[j]){ // {5}
                indexMin = j;            // {6}
            }
        }
```

```
        if (i !== indexMin){                    // {7}
            swap(i, indexMin);
        }
    }
};
```

배열 크기(length)와 최솟값을 가진 원소의 인덱스(indexMin)를 담아둘 변수를 선언한다({1}). 바깥쪽 루프({2})에서 배열을 순회하면서 i+1번째로 작은 값을 찾아야 하는데, 안쪽 루프가 시작되기 전 최솟값을 가진 원소의 인덱스는 i라고 가정한다({3}). 그리고 i에서 length까지({4}) j 인덱스 원소 값을 현재까지의 최솟값과 비교해({5}), 만약 더 작다면 현재 최솟값을 이 원소 값으로 갱신한다({6}). 안쪽루프를 벗어날 때({4}) i+1번째로 작은 값이 결정된다. 이렇게 찾은 indexMin이 i와 다르면({7}) 원소의 위치를 교환한다.

선택 정렬 알고리즘을 테스트해보자.

```
array = createNonSortedArray(5);
console.log(array.toString());
array.selectionSort();
console.log(array.toString());
```

다음 그림은 [5, 4, 3, 2, 1] 배열에 선택 정렬 알고리즘을 적용한 단계별 실행과정이다.

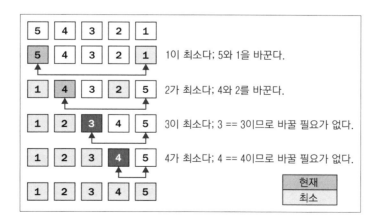

그림에서 화살표는 최솟값을 찾기 위해 비교하는 두 원소를 나타내며(안쪽 루프 {4}), 각 단계는 바깥쪽 루프에 대응된다({2}).

버블 정렬과 마찬가지로 중첩 루프문이 있어서 2차 복잡도를 가지므로 선택 정렬 알고리즘의 복잡도는 $O(n^2)$이다. 따라서 다음 절에서 배울 삽입 정렬에 비해 성능 이 떨어진다.

삽입 정렬

삽입 정렬insertion sort은 한 번에 한 원소씩 정렬된 배열을 만들어가는 알고리즘이 다. 첫 번째 원소는 정렬이 끝났다고 가정하고, 두 번째 원소와 비교해 첫 번째 원 소보다 더 작다면 첫 번째 원소 앞으로 옮긴다. 그래서 처음 두 원소의 정렬이 끝 나면 다음엔 세 번째 원소와의 비교를 계속한다(첫 번째, 두 번째, 세 번째 위치 중 어디 에 삽입할지 결정한다).

다음은 삽입 정렬 알고리즘을 구현한 코드다.

```
this.insertionSort = function(){
    var length = array.length,          // {1}
        j, temp;
    for (var i=1; i<length; i++){        // {2}
        j = i;                           // {3}
        temp = array[i];                 // {4}
        while (j>0 && array[j-1] > temp){ // {5}
            array[j] = array[j-1];       // {6}
            j--;
        }
        array[j] = temp;                 // {7}
    }
};
```

알고리즘에서 사용할 변수 3개를 선언한다({1}). 첫 번째 원소는 이미 정렬된 상태 라고 보고 2번째, 즉 인덱스 1의 원소부터 배열을 순회하는 것을 눈여겨보기 바란 다({2}). 보조 변수 j에 i를({3}), 인덱스 i의 원소를 temp에 담아두고({4}), 나중에 제자리를 찾아 집어넣을 것이다. 이제 이 원소의 제자리를 찾아보자. j가 0보다 크 고(배열 인덱스는 0부터 시작하므로 음의 값을 갖지 않는다) 직전 인덱스의 원소가 인덱스 i의 원소보다 크면(⟨5⟩), 직전 인덱스 원소를 i로 옮기고(⟨6⟩) j를 1만큼 감소시킨다. 이러한 과정을 반복 후 마지막에 제자리를 찾아 원소를 삽입한다(⟨7⟩).

다음 그림을 보고 따라가 보는 편이 이해가 더 빠를 것이다.

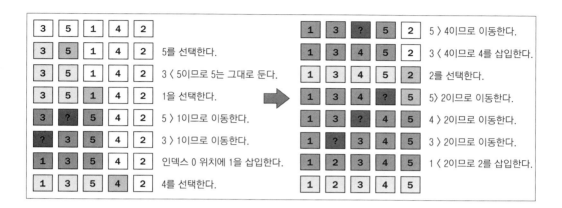

배열 [3, 5, 1, 4, 2]를 삽입 정렬 알고리즘을 사용해 [1, 2, 3, 4, 5]로 정렬하는 과정을 살펴보자.

1. 3은 정렬된 상태이므로 두 번째 원소 5부터 비교를 한다. 3 < 5이므로 5는 위치 변동 없이 그 자리에 남게 된다. 이것으로 3, 5까지 정렬이 끝났다.

2. 그 다음 정렬할 원소는 세 번째 위치한 1이다. 5 > 1이므로 5는 1과 위치를 바꾸고 3 > 1이므로 3 역시 두 번째 위치로 옮긴다. 그리고 1을 첫 번째 위치에 두어야 할지 결정해야 한다. 배열 원소의 인덱스는 0부터 시작하고 음의 값은 갖지 않으므로 1은 첫 번째 위치에 삽입한다. 여기까지 1, 3, 5의 정렬이 끝났다.

3. 다음 타자는 4이다. 4는 현재 위치(인덱스 3)에 그대로 남게 될지, 아니면 앞으로 당겨져야 할지 확인해보자. 5 > 4이므로 5는 인덱스 3으로 옮겨지고, 3 < 4이므로 4는 인덱스 3에 삽입된다.

4. 원소 2만 남았다(인덱스 4). 5 > 2이므로 5는 인덱스 4로 옮겨진다. 4 > 2이므로 4 역시 이주해야 한다(인덱스 3으로). 3도 3 > 2이므로 자리를 옮긴다. 1 < 2이므로 2는 두 번째 자리에 앉게 된다. 자, 이렇게 해서 정렬 끝!

크기가 작은 배열이라면 삽입 정렬은 선택 정렬, 버블 정렬보다 성능이 우수하다.

병합 정렬

병합 정렬merge sort은 가장 먼저 실전에 응용된 정렬 알고리즘이다. 앞에서 학습한 세 알고리즘의 성능이 신통치 않은 것에 비해 병합 정렬은 복잡도가 O(n log n) 으로 훨씬 뛰어난 성능을 자랑한다.

 자바스크립트 Array 클래스에는 원소를 정렬하는 sort 함수(Array.prototype.sort)가 내장되어 있어서 따로 구현할 필요는 없다. ECMAScript 명세에는 어떤 정렬 알고리즘을 써야 한다는 규정은 없어서 브라우저마다 사용한 알고리즘이 제각각이다. 예를 들면, 파이어폭스는 이 절의 병합 정렬을 사용한 반면, 크롬은 다음 절에서 배울 퀵 정렬 알고리즘을 변형해 구현했다.

병합 정렬 알고리즘의 핵심은 분할과 정복이다. 정렬할 배열을 원소가 하나뿐인 배열 단위로 나눌 때까지 분할하고, 반대로 이렇게 분할된 배열을 점점 더 큰 배열로 병합하면서 정렬을 완성한다.

분할/정복이라는 접근 방식 덕분에 재귀 호출은 불가피하다.

```
this.mergeSort = function(){
    array = mergeSortRec(array);
};
```

이전 장에서와 마찬가지로 재귀 호출을 위해 별도의 헬퍼 함수를 구현한다. mergeSort 메소드 선언 후, 내부적으로 호출할 재귀 함수 mergeSortRec를 다음과 같이 작성하자.

```
var mergeSortRec = function(array){
    var length = array.length;
    if(length === 1) {    // {1}
        return array;       // {2}
    }
    var mid = Math.floor(length / 2),    // {3}
```

```
        left = array.slice(0, mid),          // {4}
        right = array.slice(mid, length);     // {5}

    return merge(mergeSortRec(left), mergeSortRec(right)); // {6}
};
```

병합 정렬은 원소가 하나밖에 남지 않을 때까지 작은 배열 여러 개로 분할한다고
했었다. 따라서 재귀 알고리즘에서 필수적인 중단 조건은 '배열 크기가 1과 같다'
는 것이다({1}). 이 조건을 만족하는 배열을 반환한다({2}).

원소가 2개 이상이라면, 더 작게 나누어야 한다. 먼저 배열의 중간 지점을 찾아
({3}), 좌/우측으로 각각 left({4}), right({5})로 분할한다. 분할 후 left에는 인덱
스 0부터 mid-1까지, right에는 mid에서 맨 끝의 원소까지 각각 포함될 것이다.

분할이 완료됐으니 이제 merge 함수를 호출해({6}) 잘게 쪼개진 배열들을 정렬하
면서 점점 더 큰 배열로 병합하고 결국 정렬된 최종 배열의 모습을 갖추도록 반복
한다. 배열 분할 작업을 재귀적으로 계속해야 하므로 mergeSortRec 함수에 left,
right를 인자로 호출한다.

```
var merge = function(left, right){
   var result = [], // {7}
       il = 0,
       ir = 0;

   while(il < left.length && ir < right.length) { // {8}
       if(left[il] < right[ir]) {
          result.push(left[il++]);   // {9}
       } else{
          result.push(right[ir++]); // {10}
       }
   }

   while (il < left.length){ // {11}
      result.push(left[il++]);
   }

   while (ir < right.length){ // {12}
      result.push(right[ir++]);
```

```
    }

    return result; // {13}
};
```

merge 함수는 분할된 두 배열을 합쳐 큰 배열을 만든다. 병합을 하면서 정렬도 동시에 수행한다. 먼저, 병합 결과를 저장할 배열과 두 배열(left, right) 순회 시 사용할 변수 2개를 선언한다({7}). 배열을 순회하는 동안({8}), left의 원소가 right의 원소보다 더 작은지 비교한다. 참이라면 left 원소를 결과 배열에 집어넣고 인덱스 변수를 증가시킨다({9}). 거짓이라면, 반대로 right 원소를 결과 배열에 합류시킨다({10}). 그리고 나서 left에 남은 원소 전부를 결과 배열에 더하고({11}), right 배열에도 동일한 작업을 한다({12}). 이제 병합 작업이 끝난 배열을 반환하면 된다({13}).

다음은 mergetSort 함수의 실행 과정을 그림으로 나타낸 것이다.

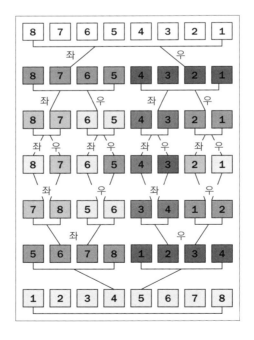

216

이 알고리즘의 전반전은 원소가 하나뿐인 배열 단위로 나눌 때까지 분할을 계속하는 작업이다. 그리고 후반전에서는 역으로 병합을 하면서 정렬을 수행한다.

퀵 정렬

퀵 정렬quick sort은 가장 애용되는 정렬 알고리즘이다. 복잡도는 O(n log n)이고, 복잡도가 동일한 여타 정렬 알고리즘보다 성능이 낫다. 병합 정렬과 마찬가지로 분할/정복 방식으로 접근한다(그러나 병합 정렬과는 달리, 원소를 하나 가진 배열까지 잘게 쪼개지 않는다).

퀵 정렬은 지금까지 소개한 정렬 알고리즘 중 가장 복잡하다. 차근차근 로직을 살펴보자.

1. 배열의 중간 지점에 위치한 원소(피봇pivot이라고 한다)를 선택한다.

2. 2개의 포인터(배열의 첫 번째 원소를 가리키는 좌측 포인터, 배열의 마지막 원소를 가리키는 우측 포인터)를 생성한다. 피봇보다 더 큰 원소가 나올 때까지 좌측 포인터를 움직이고, 피봇보다 더 작은 원소가 나올 때까지 우측 포인터를 움직인 다음, 두 포인터에 해당하는 원소를 서로 교환한다. 이 과정을 좌측 포인터가 우측 포인터보다 더 커질 때까지 반복한다. 이렇게 함으로써 피봇보다 작은 원소는 좌측에, 그리고 큰 원소는 우측에 나열된다. 이 작업을 파티션partition이라고 한다.

3. 그 결과 피봇을 중심으로 나뉜 두 서브배열(더 작은 원소 배열과 더 큰 원소 배열)에 대해 정렬이 끝날 때까지 위 과정을 재귀적으로 반복한다.

코드로 구현해보자.

```
this.quickSort = function(){
    quick(array, 0, array.length - 1);
};
```

메인 메소드를 선언하고 정렬할 배열과 처음/끝 인덱스(배열의 일부가 아닌, 전체 원소를 정렬해야 하니)를 인자로 재귀 함수를 호출한다.

```
var quick = function(array, left, right){

    var index; // {1}

    if (array.length > 1) { // {2}

        index = partition(array, left, right);  // {3}

        if (left < index - 1) {                 // {4}
            quick(array, left, index - 1);      // {5}
        }

        if (index < right) {                    // {6}
            quick(array, index, right);         // {7}
        }
    }
};
```

index 변수({1})는 더 작은 원소를 가진 서브배열, 더 큰 원소를 가진 서브배열로 나누어서 quick 함수를 재귀 호출하기 위해 선언한다. partition 함수의 반환 값을 index에 세팅한다({3}).

배열 크기가 2 이상이면({2}, 원소가 1개인 배열은 이미 정렬된 것이나 다름없으므로), 해당 배열에 파티션 작업(전체 배열을 넘기는 첫 번째 호출)을 하여 index를 얻는다({3}). 더 작은 원소들을 가진 서브배열이 존재하면({4}), 같은 과정을 반복한다({5}). 더 큰 원소들을 가진 서브배열도 마찬가지로 존재하면({6}), 똑같은 과정을 되풀이한다({7}).

파티션 과정

파티션 작업을 구현한 코드를 살펴보자.

```
var partition = function(array, left, right) {

    var pivot = array[Math.floor((right + left) / 2)],// {8}
        i = left,                                      // {9}
        j = right;                                     // {10}
```

```
    while (i <= j) {                          // {11}
        while (array[i] < pivot) {            // {12}
            i++;
        }
        while (array[j] > pivot) {            // {13}
            j--;
        }
        if (i <= j) {                         // {14}
            swapQuickStort(array, i, j);      // {15}
            i++;
            j--;
        }
    }
    return i; // {16}
};
```

가장 먼저 pivot을 정해야 하는데, 여기에는 몇 가지 방법이 있다. 가장 간단하게는 배열의 첫 번째 원소(좌측 끝에 위치한 원소)도 가능하다. 그러나 많은 연구 결과, 거의 정렬된 상태인 배열에서 그렇게 하면 성능상 가장 나쁘다는 사실이 밝혀졌다. 무작위로 집어내거나 맨 끝의 원소를 선택하는 방법도 있는데, 여기서는 정가운데 원소를 pivot으로 한다({8}). 그리고 배열의 첫 번째 원소를 left(하위, {9}), 마지막 원소는 right(상위, {10})로, 포인터 i, j를 각각 초기화한다.

i와 j의 위치가 역전될 때까지({11}) 파티션을 반복한다. pivot보다 같거나 큰 원소를 찾을 때까지 좌측 포인터를 우측으로 이동시키고(i++), 반대로 pivot보다 같거나 작은 원소를 찾을 때까지 우측 포인터를 좌측으로 계속 이동시킨다(j++).

결국, 좌측 포인터가 가리키는 원소는 pivot보다 크고, 우측 포인터가 가리키는 원소는 pivot보다 작을 것이다. 두 포인터가 역전되어 좌측 포인터가 우측 포인터의 우측으로 넘어가지 않았다면, 두 포인터가 가리키는 원소 둘을 교환하고({15}) 같은 과정을 반복한다({11}로 다시 돌아간다).

파티션 과정이 끝나면 좌측 포인터 변수(i)를 반환하고 {3}에서 이 값을 받아 서브배열 생성 시 사용한다.

swapQuickSort 함수는, array 인자가 추가된 점만 빼고는 앞서 구현했던 swap 함수와 유사하다.

```
var swapQuickSort = function(array, index1, index2){
    var aux = array[index1];
    array[index1] = array[index2];
    array[index2] = aux;
};
```

퀵 정렬 실행

퀵 정렬의 단계별 실행 과정을 그림으로 알아보자.

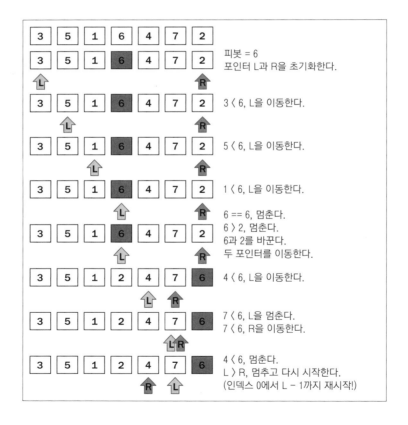

원래 배열은 [3, 5, 1, 6, 4, 7, 2]이고, 퀵 정렬의 첫 번째 파티션 과정을 나타낸 그림이다.

다음 그림은 작은 원소들이 모여 있는 첫 번째 서브배열에서 파티션하는 모습을 나타낸 것이다(7, 6은 서브배열의 원소가 아니다).

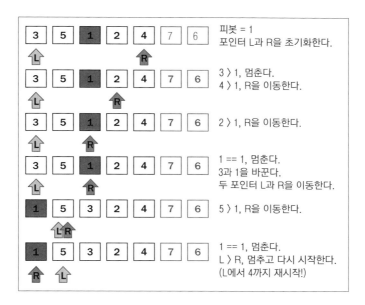

그리고 다음 그림처럼 서브배열이 하나 더 생기는데, 이번에는 이전 서브배열보다 더 큰 원소를 가진 서브배열이다(원소 1을 가진 서브배열은 원소가 하나뿐이므로 파티션 대상이 아니다).

서브배열 [2, 3, 5, 4]의 하위 서브배열 [2, 3]도 파티션을 해준다(⟨5⟩에 해당한다).

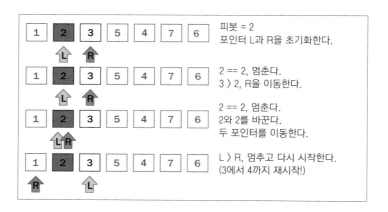

서브배열 [2, 3, 5, 4]의 하위 서브배열 [5, 4] 역시 파티션이 필요하다(⟨7⟩에 해당한다).

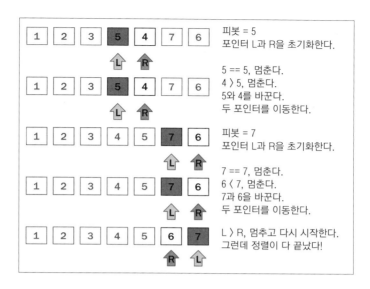

마지막으로, 상위 서브배열 [6, 7]을 파티션하면 퀵 정렬은 모두 마무리된다.

검색 알고리즘

다음 주제는 이미 앞 장에서도 살펴봤던 검색 알고리즘이다. BinarySearchTree 클래스(8장 '트리')의 search 메소드나 LinkedList 클래스(5장 '연결 리스트')의 indexOf 메소드가 이미 각자의 자료 구조에 맞게 검색 알고리즘을 구현한 것들이다. 따라서 공식적인 용어로는 처음이지만 여러분은 검색 알고리즘을 대략 공부한 셈이다!

순차 검색

순차 검색sequential search 또는 선형 검색linear search은 가장 기본적인 검색 알고리즘으로, 원하는 원소를 찾을 때까지 자료 구조 전체를 뒤져보는, 가장 비효율적인 알고리즘이다.

구현 코드도 무척이나 단순하다.

```
this.sequentialSearch = function(item){
    for (var i=0; i<array.length; i++){  // {1}
        if (item === array[i]){           // {2}
            return i;                     // {3}
        }
    }
    return -1; // {4}
};
```

루프를 반복하면서({1}) 찾고자 하는 원소와 똑같은지 비교하고({2}) 일치하면 검색이 완료됐음을 나타낼 만한 것을 반환한다. 원소 자체를 반환할 수도 있고, true 나 인덱스({3})도 좋다. 검색에 실패하면 -1을 반환해({4}) 찾은 원소가 없음을 알린다. false나 null을 반환할 수도 있다.

다음 그림은 배열 [5, 4, 3, 2, 1]에서 3을 찾을 때, 순차 검색 과정을 나타낸 것이다.

이진 검색

이진 검색binary search은 숫자 맞추기 게임('1부터 100까지 숫자 중 내가 생각한 숫자를 맞혀봐!')과 비슷하다. 이 게임의 게스트가 숫자 하나를 대면, 숫자를 정한 사람은 '더 큰 숫자야', '더 작은 숫자야' 둘 중 하나로 대답하고, 결국 범위를 좁혀가면서 숫자를 맞히는 것이다.

이 알고리즘은 먼저 자료 구조의 정렬이 끝났다는 전제하에 다음 과정을 밟는다.

1. 배열 중에서 원소를 하나 선택한다.

2. 이 원소가 바로 검색할 원소와 일치하면 검색은 여기서 끝난다(값을 찾았다).

3. 검색할 원소가 선택한 원소보다 작다면, 선택한 원소의 좌측 원소들 중 하나일 것이다. 다시 1번으로 돌아간다(더 작은 값을 택한다).

4. 검색할 원소가 선택한 원소보다 크다면, 선택한 원소의 우측 원소들 중 하나일 것이다. 다시 1번으로 돌아간다(더 큰 값을 택한다).

이를 구현한 코드를 보자.

```
this.binarySearch = function(item){
    this.quickSort(); // {1}

    var low = 0,                        // {2}
        high = array.length - 1, // {3}
        mid, element;

    while (low <= high){                // {4}
        mid = Math.floor((low + high) / 2);  // {5}
        element = array[mid];           // {6}
        if (element < item) {           // {7}
            low = mid + 1;              // {8}
        } else if (element > item) {    // {9}
            high = mid - 1;             // {10}
        } else {
            return mid;                 // {11}
        }
    }
    return -1; // {12}
};
```

배열 정렬이 먼저다. 앞에서 배운 정렬 알고리즘 중 하나를 선택해 정렬하면 된다. 예제 코드에서는 퀵 정렬을 택했다({1}). 정렬이 끝나면 low({2}), high({3}) 포인터를 각각 세팅한다(경계선 역할을 한다).

low가 high보다 크다는 건 결과 값이 존재하지 않다는 뜻이므로 -1을 반환하고 ({12}), low가 high보다 작다면({4}) 정가운데 인덱스를 찾아({5}) 이에 해당하는 원소를 담아둔다({6}). 그리고 이 원소가 검색할 원소보다 작다면({7}) 더 낮은 값을 대상으로({8}) 다시 반복한다. 그 반대라면({9}) 더 큰 값을 대상으로({10}) 반복한다. 이 두 가지 모두 아니라면 검색에 성공한 것이므로 해당 인덱스를 반환한다 ({11}).

다음 그림은 배열 [8, 7, 6, 5, 4, 3, 2, 1]에서 2를 찾는 이진 검색 과정을 나타낸 것이다.

 8장 '트리'에서 작성한 BinarySearchTree 클래스의 search 메소드가 바로 이진 검색 알고리즘을 구현한 것으로, 트리 자료 구조에 맞게 적용된 것이다.

정리

10장에서는 정렬과 검색 알고리즘을 공부했다. 버블, 선택, 삽입, 병합, 퀵 정렬은 자료 구조를 정렬하는 데 자주 사용되는 정렬 알고리즘이다. 순차 검색과 이진 검색(이미 정렬이 다 끝난 자료 구조에만 적용 가능) 알고리즘도 살펴봤다.

이 장에서 배운 로직은 어떤 자료 구조나 데이터 타입에도 적용할 수 있다. 예제로 제시한 소스 코드를 약간 고쳐 쓰면 될 것이다.

다음 장에서는 알고리즘에서 사용되는 고급 기법과, 이 장에서 잠깐 언급했던 O 표기법에 대해 알아본다.

11
그 밖의 알고리즘

지금까지 여러 유형의 자료 구조를 자바스크립트로 구현해봤고, 가장 널리 쓰이는 정렬/검색 알고리즘을 학습했다. 알고리즘과 프로그래밍의 세계란 정말 흥미진진한 것이다. 11장은 이 세계에 좀 더 흠뻑 빠져들고 싶은 독자들이 다음 단계로 나아갈 수 있게 안내한다.

8장 '트리'에서 소개한 **재귀**, 그리고 **동적 프로그래밍**과 **욕심쟁이 알고리즘**, O **표기법**(10장 '정렬과 검색 알고리즘')에 대해 알아본다. 알고리즘을 진정 즐길 줄 아는 사람이라면 현재의 프로그래밍 지식과 문제 해결 능력을 한 차원 높여줄 것이라 믿는다.

재귀

재귀recursion는 어떤 문제를 작은 단위의 동일한 문제들로 나누어 해결하는 방법으로, 함수 자기 자신을 다시 호출하는 것이 특징이다.

다음과 같이 어떤 메소드나 함수가 자신을 재호출하는 형태일 때 재귀적이라고 한다.

```
var recursiveFunction = function(someParam) {
    recursiveFunction(someParam);
};
```

다음처럼 함수가 간접적으로 스스로를 호출하는 것도 재귀적이다.

```
var recursiveFunction1 = function(someParam) {
    recursiveFunction2(someParam);
};
var recursiveFunction2 = function(someParam) {
    recursiveFunction1(someParam);
};
```

recursiveFunction 함수를 실행하면 결과는 어떻게 될까? 별다른 조건 없이 실행하면 끝없이 자기 자신을 호출할 것이다. 그래서 재귀 함수는 무한 루프에 빠지는 것을 막기 위해 재귀 호출을 멈추는 조건(중단점), 베이스 케이스base case가 반드시 필요하다.

자바스크립트에서 호출 스택 크기의 한계

만약 베이스 케이스를 깜빡해 재귀 호출이 무한히 계속된다면 어떤 일이 벌어질까? 실제로는 무한의 늪에 빠지기 전에 브라우저가 스택 오버플로stack overflow 에러를 던진다.

재귀 호출의 한계량은 브라우저마다 다르다. 다음 코드를 돌려보고 브라우저 종류별 한계량을 체크해보자.

```
var i = 0;

function recursiveFn () {
    i++;
    recursiveFn();
}

try {
    recursiveFn();
} catch (ex) {
    alert('i = ' + i + ' error: ' + ex);
}
```

크롬(버전 37)은 20,955번 함수가 실행되다가 RangeError: Maximum call stack size exceeded(최대 호출 스택 크기를 초과했음) 에러가 난다. 파이어폭스(버전 27)는 343,429번 반복하고 InternalError: too much recursion(너무 많은 재귀 호출) 에러를 낸다.

 사용 중인 OS와 브라우저에 따라 수치는 조금 다르겠지만 거의 비슷할 것이다.

ECMAScript 6 명세에는 **꼬리 호출 최적화**tail call optimization라는 내용이 실려 있다. 함수의 호출이 어떤 함수 내부의 마지막 행위라면(예제 코드에서 굵게 표시한 부분), '서브루틴 호출subroutine call'이 아닌, '점프jump'를 경유해 처리된다. 이 말은 ECMAScript 6 명세상으로도 코드는 무한히 실행 가능하다는 것이다. 따라서 재귀를 멈추어야 할 베이스 케이스는 신중히 잘 생각해야 한다.

 꼬리 호출 최적화의 자세한 내용은 http://goo.gl/ZdTZzg를 참조하자.

피보나치 수열

10장 '정렬과 검색 알고리즘'의 피보나치 수열로 다시 돌아가자. 피보나치 수열의
수학적 정의는 다음과 같다.

- 1항, 2항은 1이다.

- n(n 〉 2)항은 (n – 1)항과 (n – 2)항의 합이다.

자, 피보나치 함수를 구현해보자.

```
function fibonacci(num){
    if (num === 1 || num === 2){ // {1}
        return 1;
    }
    return fibonacci(num - 1) + fibonacci(num - 2);
}
```

1항, 2항 모두 1이라는 조건({1})이 베이스 케이스이고, n항(n 〉 2)부터
Fibonacci(n)은 Fibonacci(n – 1) + Fibonacci(n – 2)이다.

이제 이 함수에 6을 인자로 넣고 6항까지의 피보나치 수열을 구하면 다음 그림과
같이 재귀 호출이 수행된다.

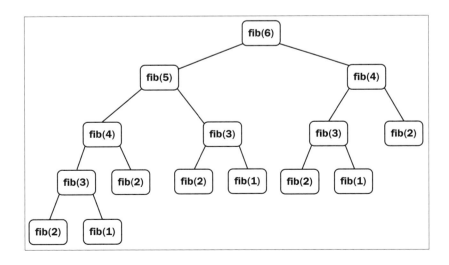

똑같은 코드를 재귀 아닌 방식으로 작성해보자.

```
function fib(num){
    var n1 = 1,
    n2 = 1,
    n = 1;
    for (var i = 3; i<=num; i++){
        n = n1 + n2;
        n1 = n2;
        n2 = n;
    }
    return n;
}
```

여기서 잠시 생각해보자. 반드시 코드를 재귀적으로 작성하는 것이 능사일까? 그렇게 하면 실행 속도가 많이 빨라질까? 결론부터 말하자면 불행히도 재귀 아닌 코드보다 오히려 느리다. 하지만 재귀적인 코드가 좀 더 명료하게 이해되고 코딩 양도 줄어든다는 이점은 있다.

 ECMAScript 6에 따르면 꼬리 호출 최적화 덕분에 재귀 코드가 비재귀 코드에 비해 느리지 않지만, 여타 언어에서는 상대적으로 느린 게 사실이다.

따라서 일반적으로 문제를 좀 더 쉽게 해결하고자 재귀를 이용한다고 보면 된다.

동적 프로그래밍

동적 프로그래밍DP, dynamic programming은 복잡한 문제를 작은 하위 문제들로 나누어 푸는 최적화 기법이다.

이 용어는 처음 나오지만, 이미 앞 장에서 동적 프로그래밍 기법으로 문제를 해결했던 적이 있다. 9장 '그래프'의 DFS 알고리즘이 그 일례다.

동적 프로그래밍은 (병합/퀵 정렬 알고리즘에서 사용했던) 분할/정복과는 전혀 다른 접근 방식이다. 분할/정복이 어떤 문제를 독립적인(independent) 하위 문제들로 분할하고 다시 합치는 해결 방식이라면, 동적 프로그래밍은 종속적인(dependent) 하위 문제들로 나눈다.

앞 절에서 살펴본 피보나치 수열 문제도 동적 프로그래밍을 응용한 예다. 그림에서 나타냈던 것처럼 피보나치 수열이라는 문제 하나를 여러 개의 소단위 문제들로 나누었다.

동적 프로그래밍을 사용해 문제를 해결할 때 중요한 세 단계가 있다.

1. 하위 문제들을 정의한다.
2. 하위 문제들을 풀기 위한 재귀를 구현한다(그리고 여기서 앞 절에서 배운 재귀 단계를 거쳐야 한다).
3. 베이스 케이스를 찾아낸다.

다음은 동적 프로그래밍 방식으로 해결한 유명한 알고리즘 문제들이다.

● **배낭 문제**: 담을 수 있는 짐 무게의 최댓값이 정해져 '배낭'에 일정 가치와 무게의 짐들을 넣을 때 가치의 총합을 최대로 할 방법을 찾는 문제다.

● **최장 공통 부분수열**LCS, longest common subsequence: 주어진 다수의 수열 모두의 부분수열이 되는 수열 중에 가장 긴 것(남아 있는 원소의 순서를 바꾸지 않은 채 일부 원소를 삭제하든지 하여 다른 수열로부터 파생 가능한 수열)을 찾는 문제다.

● **행렬 연쇄 곱셈**matrix chain multiplication: 주어진 행렬 집합에서 가장 효율적으로(가능하다면 적은 연산으로) 행렬들을 곱하는 방법을 찾는 문제다. 실제로 곱셈을 하는 것은 아니고, 행렬의 곱셈 순서 조합을 찾는 것이다.

● **동전 교환**: 정해진 금액을 동전 d_1, d_2, ..., d_n으로 바꿔주는 경우의 수를 찾는 문제다.

- **그래프에서 모든 쌍의 최단 경로**: 그래프의 모든 정점 쌍 (u, v) 간의 최단 거리를 찾는 문제다.

이 중 동전 교환을 약간 변형한 '최소 동전 교환 문제'를 살펴보자.

최소 동전 교환 문제

주어진 금액을 동전 d_1, d_2, ..., d_n으로 바꿔줄 때 필요한 동전의 최소 개수를 찾는 문제다.

예를 들어, 미국에는 1센트, 5센트, 10센트, 25센트짜리 동전이 있다. $d_1 = 1$, $d_2 = 5$, $d_3 = 10$, $d_4 = 25$

36센트를 바꾼다면, 25센트짜리 동전 1개, 10센트짜리 동전 1개, 1센트짜리 동전 1개가 우리가 찾는 정답이다.

이 문제를 어떻게 알고리즘화할 수 있을까?

최소 동전 교환 문제의 목적은 금액 n을 나타내는 동전의 조합 중 개수를 최소로 하는 경우를 찾는 것이다. 그렇게 하려면 먼저 모든 x < n에 대한 해를 찾아야 한다. 그리고 나서 더 적은 금액의 동전에 대한 해를 바탕으로 최적해를 찾아간다.

다음 코드를 보자.

```
function MinCoinChange(coins){
    var coins = coins; // {1}
    var cache = {};    // {2}

    this.makeChange = function(amount) {
        var me = this;
        if (!amount) {  // {3}
            return [];
        }
        if (cache[amount]) { // {4}
            return cache[amount];
        }
        var min = [], newMin, newAmount;
```

```
    for (var i=0; i<coins.length; i++){ // {5}
        var coin = coins[i];
        newAmount = amount - coin; // {6}
        if (newAmount >= 0){
            newMin = me.makeChange(newAmount); // {7}
        }
        if (
            newAmount >= 0 && // {8}
            (newMin.length < min.length-1 || !min.length)// {9}
            && (newMin.length || !newAmount) // {10}
            ){
            min = [coin].concat(newMin); // {11}
            console.log('new Min ' + min + ' for ' + amount);
        }
    }
    return (cache[amount] = min); // {12}
};
}
```

최소 동전 교환 문제를 구현한 MinCoinChange 함수의 단계별 로직을 상세히 알아
보자.

이 함수는 동전 금액, 즉 분모denominator에 해당하는 값을 배열 인자로 받는다
({1}). 미국 동전은 [1, 5, 10, 25]이지만, 여러분이 원하는 아무 값이나 넣어도
상관없다. 중복 계산을 최대한 피하고 효율적인 실행을 위해 cache를 두었다({2}).

makeChange 메소드는 자신을 재귀 호출하면서 실제로 문제를 푼다. 금액이 음수
라면(< 0) 빈 배열을 반환한다({3}). 메소드의 마지막 부분에서 교환에 사용된(동전
개수가 최소인) 동전별 수량을 배열로 반환한다. 그 다음은 캐시를 체크한다. 결과가
이미 캐시되어 있다면({4}) 캐시 값을 그냥 반환하고, 아직 캐시되기 전이라면 이
후 코드를 실행한다.

동전 금액(분모)을 기준으로 문제를 푸는 편이 좋겠다. 각 동전에 대해({5})
newAmount를 계산한다({6}). 이 값은 교환 가능한 최소 금액에 도달할 때까지 계
속 줄어들 것이다(이 알고리즘은 x < amount인 모든 makeChange 함수 결과를 계산한다는

사실을 기억하자). 유효한(양수인) newAmount 값에 대해 다시 재귀 호출을 하여 결과를 담는다(⟨7⟩).

이렇게 해서 newAmount가 유효한지(⟨8⟩), 최적의 newMin(동전의 최소 개수)이 도출됐는지(⟨9⟩), newMin과 newAmount 모두 유효한 값인지(⟨10⟩), 세 가지 조건을 체크해보고 만약 모두 충족한다면 그것은 이전보다 더 나은 결과를 얻었다는 반증이다(⟨11⟩, 예를 들면 1센트 동전 5개보다는 5센트 동전 1개가 더 바람직하다). 마지막 줄에서 최종 결과를 반환한다(⟨12⟩).

다음 코드로 테스트해보자.

```
var minCoinChange = new MinCoinChange([1, 5, 10, 25]);
console.log(minCoinChange.makeChange(36));
```

cache 변수에 1부터 36센트까지의 결과가 모두 담겨 있을 것이다. 그중 우리가 원하는 답은 cache[36] = [1, 10, 25]이다.

부록의 예제 코드를 보면 알고리즘 수행 단계별로 결과를 출력하는 코드가 몇 줄 더 추가되어 있다. 예를 들면, 동전 금액이 [1, 3, 4]이고 교환할 금액이 6일 때, 실행 결과는 다음과 같다.

```
new Min 1 for 1
new Min 1,1 for 2
new Min 1,1,1 for 3
new Min 3 for 3
new Min 1,3 for 4
new Min 4 for 4
new Min 1,4 for 5
new Min 1,1,4 for 6
new Min 3,3 for 6
[3, 3]
```

최적해는 금액이 3인 동전 2개를 써서 바꿔주는 것이다.

욕심쟁이 알고리즘

욕심쟁이 알고리즘greedy algorithm은 전역 최적해(전체적으로 최적인 해)를 찾기 위해 각 단계마다 지역 최적해(현 단계에서의 최적해)를 선택해 문제를 해결하는 방법이다. 동적 프로그래밍에서 문제의 전체적인 그림을 그리고 접근했던 것과는 사뭇 대조적이다.

비교를 위해 방금 전 다뤘던 똑같은 예제로 돌아가자.

최소 동전 교환 문제

동적 프로그래밍 알고리즘으로 최적 조합을 찾았던 최소 동전 교환 문제를 이번엔 욕심쟁이 알고리즘으로 풀어본다. 대부분의 경우 실행 결과는 최적이지만, 특정 인자에 대해서는 최적이 아닐 수 있다.

다음 코드를 보자.

```
function MinCoinChange(coins){
   var coins = coins; // {1}

   this.makeChange = function(amount) {
      var change = [],
         total = 0;
      for (var i=coins.length; i>=0; i--){ // {2}
         var coin = coins[i];
         while (total + coin <= amount) {  // {3}
            change.push(coin);            // {4}
            total += coin;                // {5}
         }
      }
   return change;
   };
}
```

일단 코드가 동적 프로그래밍 방식보다 훨씬 단순하다! 인자는 역시 마찬가지로 동전 금액을 배열로 넣어준다({1}).

각 동전에 대해({2}, 금액이 큰 것부터 작은 것 순으로) 해당 금액를 total에 더하는데, 당연히 이 값은 amount보다 작아야 한다({3}). 동전을 change 배열에 추가하고 ({4}) total에도 더한다({5}).

보다시피 정말 간단한 로직이다. 금액이 가장 큰 동전부터 차례로 교환 가능 여부를 확인한다. 만약 현재 동전 금액으로는 더 이상 추가할 수 없다면 그 다음으로 큰 금액의 동전을 계속 찾아가는 식이다.

테스트 코드는 똑같다. 다음을 실행해보자.

```
var minCoinChange = new MinCoinChange([1, 5, 10, 25]);
console.log(minCoinChange.makeChange(36));
```

결과는 [25, 10, 1]로 동적 프로그래밍과 똑같다. 다음 그림을 보면 실행 단계를 쉽게 이해할 수 있을 것이다.

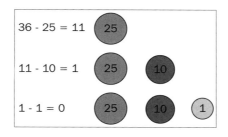

그런데 인자를 [1, 3, 4]로 바꾸어 실행하면 결과는 [4, 1, 1]로 나온다. 동적 프로그래밍 코드가 내놓은 [3, 3]이 더 최적이다.

이처럼 욕심쟁이 알고리즘은 동적 프로그래밍 알고리즘보다 간단하고 빠르긴 하지만 항상 최적의 답을 내놓지는 않는다. 하지만 평균적으로 봐서는 수행 시간에 비해 만족할 만한 결과를 내놓는다고 볼 수 있다.

O 표기법

O 표기법big O notation은 10장 '정렬과 검색 알고리즘'에서 잠깐 언급했는데, 정확히 말하면 알고리즘의 성능과 복잡도를 간단한 기호로 표시한 것이다.

알고리즘 분석 시 가장 자주 등장하는 유형을 대해 알아보자.

표기법	명칭
O(1)	상수
O(log(n))	로그
O((log(n))c)	다형 로그
O(n)	선형
$O(n^2)$	2차
$O(n^c)$	고차
$O(c^n)$	지수

O 표기법 이해

알고리즘의 효율은 어떻게 측정할 수 있을까? 보통 CPU(소요 시간), 메모리, 디스크, 네트워크의 사용량을 생각할 수 있는데, 그중 O 표기법은 CPU(소요 시간) 사용량을 대상으로 한다.

예제 코드를 보면서 O 표기법을 유형별로 살펴보자.

O(1)

다음 함수를 보자.

```
function increment(num){
    return ++num;
}
```

increment(1) 함수 실행 시 실행 시간이 X라고 하자. 1을 다른 값으로 바꾸어도 실행 시간은 여전히 X가 될 것이다. 인자에 상관없이 함수의 성능은 달라지지 않기 때문에 이 함수는 O(1)(상수)의 복잡도를 갖는다.

O(n)

10장 '정렬과 검색 알고리즘'에서 순차 검색 알고리즘으로 구현했던 다음 코드를 보자.

```
function sequentialSearch(array, item){
    for (var i=0; i<array.length; i++){
        if (item === array[i]){ // {1}
            return i;
        }
    }
    return -1;
}
```

array가 10개의 원소([1, …, 10])를 가진 배열일 때 이 함수로 원소 1을 찾는다면 첫 번째 루프 수행 시 곧바로 검색은 완료된다. 이 루프의 {1}을 반복 시 드는 비용이 1이라고 해보자.

이제 원소 11을 찾는다고 하면, {1}은 모두 10번 실행돼야 할 것이다(배열 전체를 다 뒤져도 찾지 못해 결국 -1을 반환할 것이다). 따라서 총 비용은 10이고, 1을 찾을 때보다 10배의 비용이 더 들어간다.

array가 1,000개의 원소([1, …, 1000])를 가진 배열이라면? 원소 1001을 찾는다면 마찬가지로 {1}을 1,000번 실행 후 -1을 반환할 것이다.

sequentialSearch 함수의 총 비용은 array 배열의 원소 개수(배열의 크기)와 찾으려는 원소, 두 가지에 의해 결정된다. 찾는 원소가 배열에 포함되어 있을 경우 {1}은 총 몇 회 실행될까? 만약 찾는 원소가 없다면 {1}은 정확히 배열의 크기만큼 실행될 것이고, 바로 이것이 최악의 경우라고 할 수 있다.

최악인 경우만을 보자면 배열의 크기가 10이면 비용은 10이 되고, 크기가 1,000 이면 비용도 1,000이 되므로, 이 함수는 O(n)의 복잡도를 갖게 되는 것이다(n은 배열의 크기, 즉 입력임).

실제로 최악의 경우 알고리즘의 총 비용을 계산해보기 위해 코드를 조금 바꿔보자.

```javascript
function sequentialSearch(array, item){
    var cost = 0;
    for (var i=0; i<array.length; i++){
        cost++;
        if (item === array[i]){ // {1}
            return i;
        }
    }
    console.log('cost for sequentialSearch with input size ' +
array.length + ' is ' + cost);
    return -1;
}
```

인자를 적당히 바꿔가며 실행해보면 상이한 결과가 출력됨을 알 수 있을 것이다.

O(n²)

버블 정렬은 O(n²) 복잡도를 가진 대표적인 알고리즘이다.

```javascript
function swap(array, index1, index2){
    var aux = array[index1];
    array[index1] = array[index2];
    array[index2] = aux;
}

function bubbleSort(array){
    var length = array.length;
    for (var i=0; i<length; i++){        // {1}
        for (var j=0; j<length-1; j++ ){  // {2}
            if (array[j] > array[j+1]){
                swap(array, j, j+1);
            }
        }
    }
}
```

{1}, {2} 두 줄의 코드를 수행하는 데 각각 1만큼의 비용이 든다고 하자. 총 비용을 계산해보기 위해 코드를 다음과 같이 수정한다.

```javascript
function bubbleSort(array){
    var length = array.length;
    var cost = 0;
    for (var i=0; i<length; i++){ // {1}
        cost++;
        for (var j=0; j<length-1; j++ ){ // {2}
            cost++;
            if (array[j] > array[j+1]){
                swap(array, j, j+1);
            }
        }
    }
    console.log('cost for bubbleSort with input size ' + length + ' is
' + cost);
}
```

bubbleSort 함수에 크기가 10인 배열을 넣고 실행하면 총 비용은 100(10^2), 크기가 100인 배열이면 총 비용은 10,000(100^2)이 된다. 입력하는 인자가 커질수록 실행 시간은 기하급수적으로 늘어난다.

 결론적으로 복잡도는, 단일 루프라면 O(n), 중첩 루프면 O(n^2)이 된다. 마찬가지로 삼중 루프라면 복잡도는 O(n^3)이다.

알고리즘 복잡도 비교

다음 차트는 지금까지 O 표기법으로 살펴본 복잡도를 비교한 것이다.

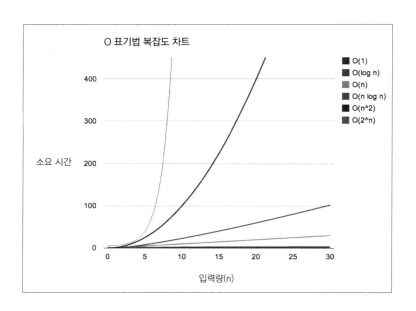

부록 'O 표기법 정리'에는 이 책에서 구현한 알고리즘들의 복잡도가 표로 잘 정리되어 있으니 꼭 확인하자.

재미있는 알고리즘의 세계로!

단지 대학교 필수 과목이라서, 또는 개발자로 먹고 살기 위해 알고리즘을 배우는 것은 아니다. 이 책에서 소개한 여러 가지 알고리즘이 어떤 식으로 문제를 접근하고 해결하는지 살펴보면서 여러분은 주변 문제들을 효과적으로 해결할 수 있는 능력을 배양하고 다른 사람들보다 더 뛰어난 전문가로 발전할 수 있다.

문제 해결 능력을 배양하는 최선의 방법은 연습뿐이다. 그런데 연습을 굳이 지루하게 할 필요는 없다. 알고리즘을 즐기면서 학습할 수 있는(심지어 공부를 하면서 약간의 돈도 벌 수 있는!) 아주 유용한 웹사이트를 소개한다.

자바스크립트 외의 코드로 구현된 웹사이트도 있지만, 여태까지 학습한 로직을 제대로 이해했다면 다른 언어로 전환하는 일은 그리 어렵지 않을 것이다.

- UVa Online Judge(http://uva.onlinejudge.org/): IBM이 후원하는 ACM 국제 대학생 프로그래밍 콘테스트ICPC, International Collegiate Programming Contest(여러분이 아직 대학생이라면 꼭 참가를 고려해보자. 우승 시 팀원 모두 세계 여행을 할 수 있게 비용 전액을 지급한다!)를 비롯한 몇몇 프로그래밍 콘테스트의 기출 문제들이 수록되어 있다. 이 책에서 배운 알고리즘으로 풀 수 있는 문제만도 수백 개에 이른다.

- Sphere Online Judge(http://www.spoj.com/): UVa Online Judge와 비슷하지만 자바스크립트 등 구현 언어가 더 많다.

- Coder Byte(http://coderbyte.com/): 자바스크립트로 풀 수 있는 74개의 문제(초급, 중급, 고급 난이도별로)가 있다. 이 외에도 다양한 수학/컴퓨터 프로그래밍 문제들이 있다. 문제에 답을 넣고 알고리즘으로 해를 찾는 식으로 되어 있다.

- Hacker Rank(https://www.hackerrank.com): 263개의 도전적인 문제들이 16개 카테고리로 분류되어 있다(이 책에서 다룬 알고리즘으로도 풀 수 있다). 자바스크립트를 비롯한 여러 언어를 지원한다.

- Code Chef(http://www.codechef.com/): 몇 가지 문제를 주고 온라인상에서 다른 사람들과 경쟁을 하는 사이트다.

- Top Coder(http://www.topcoder.com/): 나사NASA, 구글, 야후, 아마존, 페이스북 등의 회사에서 후원하는 프로그래밍 토너먼트가 진행된다. 콘테스트 종류에 따라 우승 시 후원사에 입사할 수 있는 기회를 주거나 현금으로 보상하기도 한다. 그 밖에도 다양한 문제를 해결할 수 있는 알고리즘 튜토리얼이 제공된다.

책으로 배운 알고리즘을 실제 주변에서 문제 해결 시 어떻게 활용하면 좋을지, 어떤 알고리즘이 적합할지 배울 수 있다는 점에서 이들 웹사이트는 매우 유익하다. 이 책으로 여러분이 습득한 알고리즘 지식 역시 밖에서는 실제로 어떻게 쓰이는지 피부로 느낄 수 있는 좋은 계기가 될 것이다.

IT 전문가로서 첫걸음을 내디딘 독자라면 깃허브(https://github.com)에 무료 계정을 하나 만들고 이들 웹사이트에 수록된 문제를 구현한 코드를 계속 커밋하는 것도 좋겠다. 아직 경력이 일천한 사람에게는 깃허브는 그 자체로 본인의 좋은 포트폴리오가 되어 첫 직장에 입사할 때 큰 도움이 될 테니 말이다!

정리

11장에서는 재귀, 동적 프로그래밍, 욕심쟁이 알고리즘으로 문제를 해결하는 방법을 알아봤다. O 표기법의 원리와 알고리즘 복잡도를 나타내는 방법 또한 살펴봤다.

이 책에서 배운 지식들을 활용하고 IT 세계로 입문하는 데 아주 유익한, 그러면서도 무료로 이용 가능한 참고 사이트 역시 소개했다.

모두들 행복한 프로그래머가 되시길!

O 표기법 정리

부록에서는 이 책에서 지금까지 다룬 모든 알고리즘의 복잡도를 간략히 정리한다.

자료 구조

여러분이 배운 가장 일반적인 자료 구조별 삽입, 삭제, 검색 작업의 복잡도를 O 표기법으로 나타낸 표다.

자료 구조	평균적인 경우			최악의 경우		
	삽입	삭제	검색	삽입	삭제	검색
배열/스택/큐	O(1)	O(1)	O(n)	O(1)	O(1)	O(n)
연결 리스트	O(1)	O(1)	O(n)	O(1)	O(1)	O(n)
이중 연결 리스트	O(1)	O(1)	O(n)	O(1)	O(1)	O(n)
해시 테이블	O(1)	O(1)	O(1)	O(n)	O(n)	O(n)
이진 검색 트리	O(log(n))	O(log(n))	O(log(n))	O(n)	O(n)	O(n)

그래프

9장 '그래프'에서 학습한 그래프의 두 가지 표현 방법을 기억할 것이다. 다음 표는
두 방법의 저장 크기, 정점 및 간선의 추가/삭제, 조회 복잡도를 표시한 것이다.

표현 방법	저장 크기	정점 추가	간선 추가	정점 삭제	간선 삭제	조회
인접 리스트	$O(|V| + |E|)$	$O(1)$	$O(1)$	$O(|V| + |E|)$	$O(|E|)$	$O(|V|)$
인접 행렬	$O(|V|^2)$	$O(|V|^2)$	$O(1)$	$O(|V|^2)$	$O(1)$	$O(1)$

정렬 알고리즘

10장 '정렬과 검색 알고리즘'에서 배운 가장 일반적인 정렬 알고리즘의 복잡도를
최선, 평균, 최악 세 가지 경우로 나누어 정리한다.

알고리즘(배열에 적용)	시간 복잡도		
	최선의 경우	평균적인 경우	최악의 경우
버블 정렬	$O(n)$	$O(n^2)$	$O(n^2)$
선택 정렬	$O(n^2)$	$O(n^2)$	$O(n^2)$
삽입 정렬	$O(n)$	$O(n^2)$	$O(n^2)$
병합 정렬	$O(n \log(n))$	$O(n \log(n))$	$O(n \log(n))$
퀵 정렬	$O(n \log(n))$	$O(n \log(n))$	$O(n^2)$

검색 알고리즘

다음 표는 그래프 순회 알고리즘을 비롯해 이 책에서 살펴봤던 검색 알고리즘의 복잡도 목록이다.

알고리즘	자료 구조	최악의 경우
순차 검색	배열, 연결 리스트	$O(n)$
이진 검색	정렬된 배열, 이진 검색 트리	$O(\log(n))$
깊이 우선 탐색(DFS)	정점 $|V|$, 간선 $|E|$	$O(|V| + |E|)$
너비 우선 탐색(BFS)	정점 $|V|$, 간선 $|E|$	$O(|V| + |E|)$

찾아보기

에이콘출판의 기틀을 마련하신 故 정완재 선생님 (1935-2004)

Learning JavaScript Data Structures and Algorithms 한국어판
자바스크립트 자료 구조와 알고리즘

인 쇄 | 2015년 11월 12일
발 행 | 2015년 11월 19일

지은이 | 로이아니 그로네르
옮긴이 | 이 일 웅

펴낸이 | 권 성 준
엮은이 | 김 희 정
　　　　김 경 희
　　　　오 원 영
표지 디자인 | 한국어판_이승미
본문 디자인 | 남 은 순

인쇄소 | 한일미디어
지업사 | 다올페이퍼

에이콘출판주식회사
경기도 의왕시 계원대학로 38 (내손동 757-3) (16039)
전화 02-2653-7600, 팩스 02-2653-0433
www.acornpub.co.kr / editor@acornpub.co.kr

한국어판 ⓒ 에이콘출판주식회사, 2015, Printed in Korea.
ISBN 978-89-6077-784-2
ISBN 978-89-6077-210-6 (세트)
http://www.acornpub.co.kr/book/javascript-data-structure

이 도서의 국립중앙도서관 출판시도서목록(CIP)은 서지정보유통지원시스템 홈페이지(http://seoji.nl.go.kr)와
국가자료공동목록시스템(http://www.nl.go.kr/kolisnet)에서 이용하실 수 있습니다.(CIP제어번호: CIP2015030209)

책값은 뒤표지에 있습니다.